케이크 좀 먹으면 어때?

일러두기

이 책의 일부 외래어는 국립국어원의 외래어 표기법 기준이 아닌 실생활에서 자주 쓰는 표기로 바꾸어 실었습니다.

케이크 좀 먹으면 어때?

∘ 글 마리아 레린 ∘ 그림 마리나 테나

∘ 옮김 김영주

오유아이 Oui

차례

이 책에서 뭘 얻을 수 있냐고?

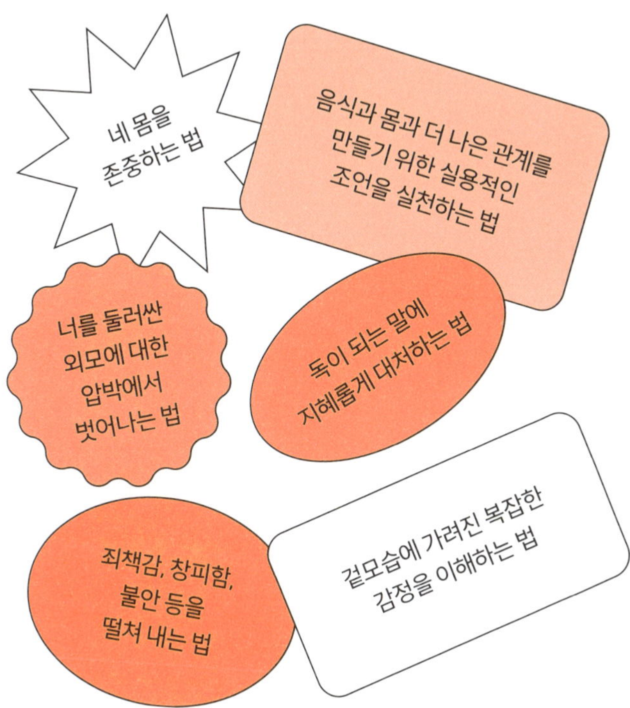

이 밖에도 책 마지막에 여러 감정의 개념을 이해하고, 구별하고, 다룰 수 있는 감정 사용 설명서도 있으니 도움이 될 거야.

그럼, 책을 즐겨 봐!

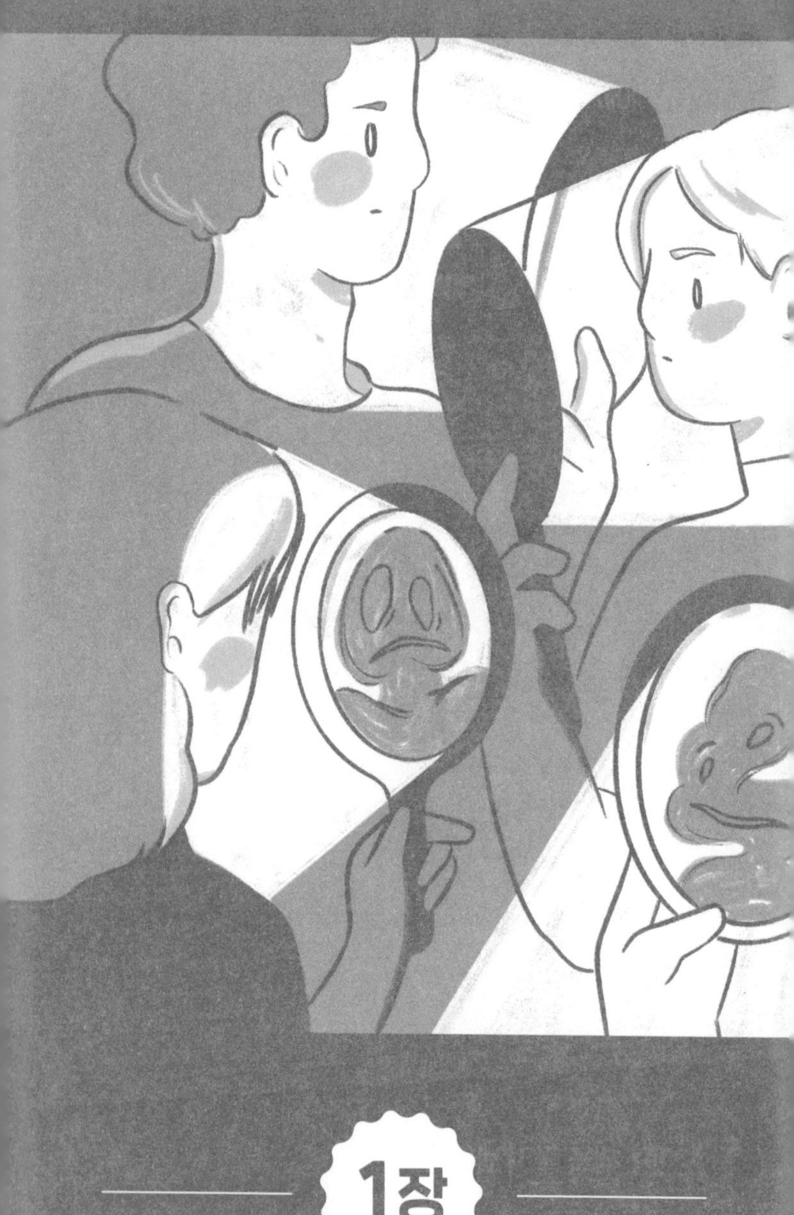
1장

너는 누구야?

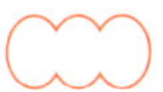

음식과의 관계를 다룬 책인데 '너는 누구냐'는 질문으로 시작해서 의아했지? 이 질문이 왜 중요한지 말해 줄게. 남들이 너에 대해 뭐라고 말하는지, 혹은 너를 어떻게 규정하는지에 따라 네가 생각하는 자기 이미지가 결정되기 때문이야.

아마 스스로 자기 모습을 어떻게 묘사하는지에 관한 질문을 받은 적이 있을 거야. 심지어 학교에서 이 주제로 글쓰기를 한 적도 있을 거고. 뭘 써야 할지 몰라서 아마도 일단 연필과 노트를 들고 친구나 가족한테서 내내 들은 말을 적었을 거야. 그게 '엄마는 제가 아주 밝은 성격이라고 합니다'와 같은 긍정적인 말이든, '형이 그러는데 저는 투덜이래요'와 같은 부정적인 말이든.

어쨌든, 너는 지금까지 그런 말들을 진실이라 생각해 왔을 거야. 그런데 과연 그럴까? 진짜 너는 누구일까? 너는 스스로 어떻게 정의해? 아니, 다시 말해서 네가 어떻게 정의되길 원해?

이 책을 다 읽고 나면 이 질문에 답할 거리를 찾길 바라. 그러니 지금 답을 못 하거나 확신이 없더라도 걱정하지 마. 사실 쉬운 일은 아니거든. 지금까지 학습된 걸 버리고 너만의 이미지를 만들어 가기란 만만치 않아. 그렇지만 할 수 있어!

나를 믿어 봐.
이제 너 자신을 타인의 눈이 아닌,
네 눈으로 바라보게 될 거야.
자, 이제 시작해 보자!

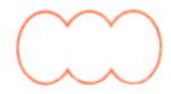

처음 질문에 대한 답을 하기 전에
미리 귀띔하자면,
네 몸의 생김새가 너는 아니야.

자신의 이미지를 구축하기 전에 먼저 알아야 할 사실이 있어. 바로 너의 여러 부분이 너라는 한 사람을 이루고 있다는 거야. 네 모든 부분은 똑같이 소중하고 가치 있어. 진짜야, 하나도 빠짐없이 전부 다!

그런데 안타깝게도 우리는 보통 몸에 가장 큰 초점을 두게 돼. 몸이 이러니저러니, 키가 크니 작으니, 혹은 날씬하니 뚱뚱하니…… 하는 식으로 판단하지. 마치 몸을 기준으로 너를 정의하지 않으면 네가 아무것도 아닌 것처럼 말이야. 하지만 그렇지 않아. 너를 정의하고, 네 모습을 스스로 편안하게 느끼게 하는 요소는 몸 말고도 아주 많거든.

너는 네 몸 그 이상이야. 너라는 사람에게는
몸보다 중요한 것들이 훨씬 많아.

무슨 말인지 잘 모르겠다면 내 말을 잘 들어 봐. 우리는 보통 우리에게 힘을 주고, 기분 좋게 만드는 사람들과 관계를 맺게 돼. 우리가 주목하는 건 그들의 성격, 표현 방식, 취미, 가치관 등이지. 몸은 여기에 포함되지 않아. 이미 수도 없이 들은 말이겠지만, 진짜 중요한 건 겉으로 보이는 모습이 아니라 내면이 어떤 사람이냐거든.

사람들이 너에 대해 기억하는 건 네 몸매, 몸무게, 또는 키나 바지 사이즈가 아니라 너와 함께 있을 때 느끼는 기분이야. 바로 이 사실을 기억해.

그러니 명심해. 너는 네 몸 그 이상이야.
네가 세상을 보고 느끼는 방식이 바로 너야.
네 특징, 가치관, 사고방식을 모아 놓은 것이 바로 너야.
네가 웃고, 네가 좋아하는 걸 바라보는 방식이 바로 너야.

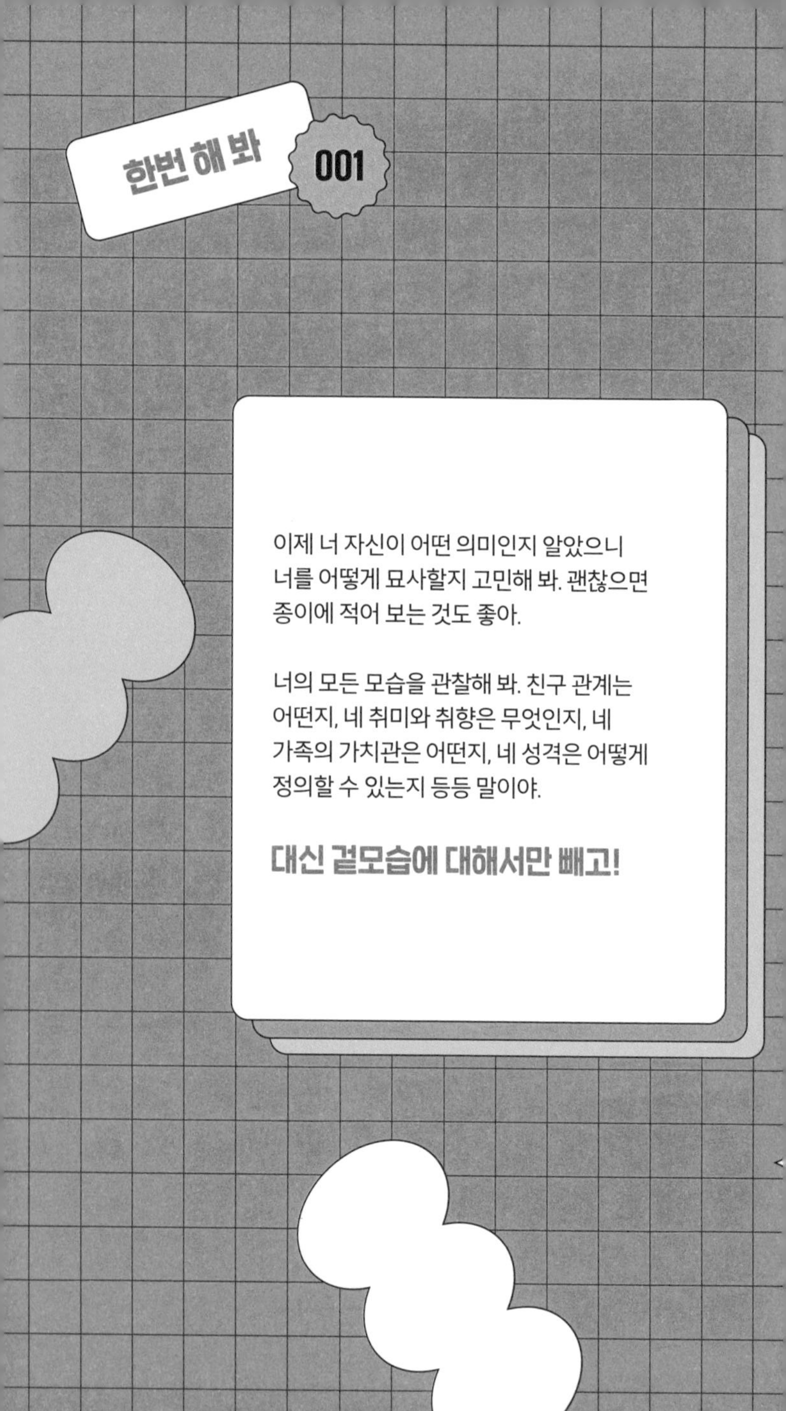

이제 너 자신이 어떤 의미인지 알았으니 너를 어떻게 묘사할지 고민해 봐. 괜찮으면 종이에 적어 보는 것도 좋아.

너의 모든 모습을 관찰해 봐. 친구 관계는 어떤지, 네 취미와 취향은 무엇인지, 네 가족의 가치관은 어떤지, 네 성격은 어떻게 정의할 수 있는지 등등 말이야.

대신 겉모습에 대해서만 빼고!

뭘 먹느냐가
네 가치를 결정하지 않아

‘좋은 음식’이나 ‘나쁜 음식’에 대해 들어 본 적이 있을 거야. 흔히 ‘몸에 좋은 음식’, ‘몸에 나쁜 음식’이라고 하는 것들 말이야. 좋은 음식은 두 번 생각하지 않고 아무 죄책감 없이 먹어도 되지만, 나쁜 음식은…… 완전히 금기지.

그런데 음식을 좋다, 나쁘다는 식으로 나누다 보면 자칫 먹는 음식에 따라 네가 좋은 사람, 나쁜 사람이 될 수도 있어. 실제 네 모습과는 아무 상관도 없는데 말이야.

음식에 대해 올바른 방식으로 접근하려면 일단 저런 구분은 하지 말아야 해.

물론 얼마나 영양가 있는 음식을 먹는지는 중요하지. 네 몸에 필요한 영양분을 섭취해야 하니까. 하지만 먹을 때는 그게 다가 아니야.

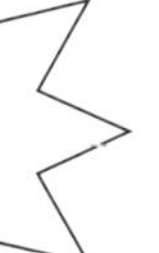

질문 하나 해 볼까? 넌 지금 한창 다이어트 중인데, 친한 친구의 생일 파티에서 누가 케이크를 권하면 어떻게 할 거야?

'몸에 좋은 음식'이라는 기준으로만 본다면 a가 '올바른' 반응일 거야. 사과는 영양소가 풍부한 음식이니까.

그런데 사람들과 다른 음식을 먹고, 너무 맛있어 보이는 케이크 한 조각도 즐길 수 없다면 진정 네가 건강해지는 일일까? 그걸로 괴로워하면 과연 몸에 좋을까?

건강은 단순히 영양분을 섭취하는 면만 있는 것이 아니라, 한 사람의 정신적, 심리적 상황과 건강이 포함된 개념이야. 그렇다면 이제 너는 어떤 답을 고를래?

우리가 선택하는 음식에 대해
종합적인 관점에서 본다면
좋은 음식, 나쁜 음식이 따로 없어.

마찬가지로, 뭘 먹느냐에 따라 네가 더 좋은 사람,
더 나쁜 사람이 되지 않아.

2장

완벽한 몸은 뭘까?

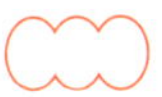

우리는 지금 완벽에 대한 강박이 SNS, 잡지, TV 할 것 없이 여기저기, 시도 때도 없이 쏟아지는 시대에 살고 있어. 인스타그램 게시물만 살짝 들여다보더라도 우리가 얼마나 완벽에 집착하는지 알 수 있어. 완벽한 집, 완벽한 자동차, 완벽한 사회생활, 그리고…… 완벽한 몸매까지! 아마 한 번쯤 그런 삶, 그런 집, 그런 몸매가 있으면 모든 문제가 해결될 거라고 생각해 본 적이 있을 거야. 더 행복해지고, 더 많이 웃고, 다른 사람들이 우러러볼 거라고 말이야……. 하지만 사실은 그렇지 않아. 그들의 삶이 진짜 완벽할까? 완벽하다는 건 대체 누가 정하는 건데?

다이어트 문화

'다이어트 문화'는 사회가 날씬하거나 표준적인 몸매를 가진 사람에게 그렇지 않은 사람보다 더 많은 혜택을 주는 현상을 말해. 다시 말하자면 그때그때 '최고'라 여겨지는 기준을 충족한 사람에게만 혜택이 돌아간다는 뜻이지.

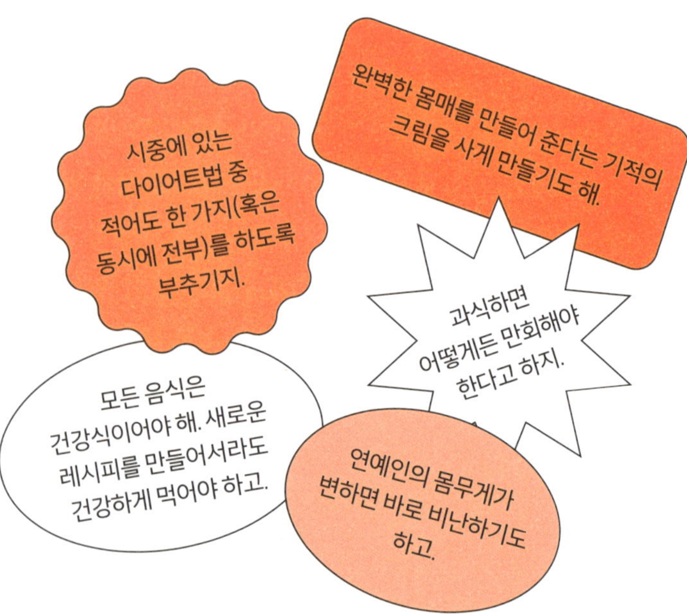

이 모든 게 '날씬한 몸매'를 얻기 위해서야. 물론 다이어트 문화를 부추기는 사람들의 주머니를 채우기 위해서이기도 하고.

문제는 그들이 네 불안과 두려움을 이용해서 다이어트를 해야 네가 행복해질 거라 믿게 만든다는 거야. 수완 좋은 사람들이 권하는 거라면 죄다 하고 싶은 마음이 드는 게 당연해.

그런데 그들이 너에게 말하지 않는 한 가지가 있어. 바로 제한적인 식단 '덕분에' 빠른 시간 안에 살을 빼고 나면, 시간이 지나 다시 원래 체중으로 돌아가거나 심지어 체중이 늘 수도 있다는 사실이야. 왜냐면, 다이어트 문화가 철저히 금지하는 음식이 네 몸에 부족한 상태이다 보니, 금지된 음식을 한번 먹게 되면 계속 먹고 싶은 욕구를 참을 수 없게 되거든. 다시는 못 먹을 수 있다는 생각에 기회가 오면 멈출 수 없게 되는 거지.

길거리에서 사람들에게
다이어트를 해 본 적이 있냐고 물어보면,
많은 사람이 분명 그렇다고 대답할 거야.
아마 실제로는 다이어트가 필요 없는데도
했을 거야. 다이어트를 하는 걸 당연시하다 보니
이상한 일이라고 생각하지 않는 거지.

다이어트 문화란
바로 이런 거야.

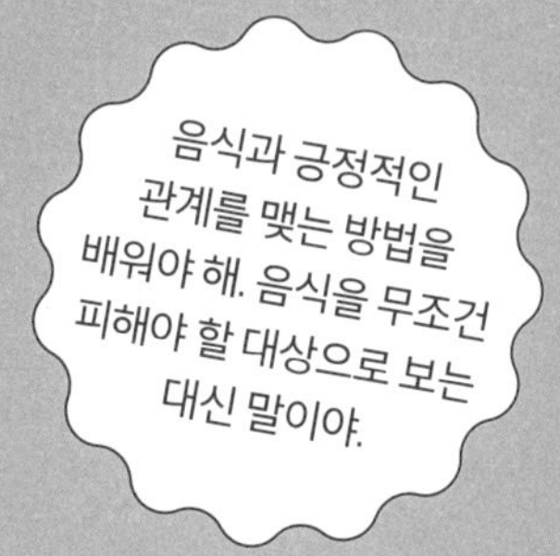

다이어트와 비만 혐오증

다이어트를 한 번이라도 해 봤다면 BMI(몸무게를 키의 제곱으로 나눈 수치인 체질량 지수)를 재 본 적이 있을 거야. '건강하다'는 기준에 맞추려면 몸무게와 칼로리를 얼마나 줄여야 하는지 가늠해 보는 거지. 그러다 보면 아무 죄 없는 숫자가 순식간에 악몽으로 변해 버려.

BMI에 대해 네가 모르는 사실이 있어. BMI는 오랫동안 몸무게와 키를 기준으로 몸을 분류하는 데 쓰인 도구일 뿐, 여러 가지 변수는 전혀 고려하지 않는다는 거야.

여기서 '과체중'과 '비만'이라는 용어가 생겨났어. 선입견을 심어 주는 이 두 단어는 어떤 사람이 평균 체중을 '넘었다'는 사실만 알릴 뿐이야. 그러면 대체 평균 체중은 얼마를 뜻하는 걸까? 100년도 훨씬 넘은 옛날에 어느 수학자가 정한 숫자일까?

반면에 우리가 살찐 사람들에 대해 자연스럽게 이야기하는 분위기를 만들면 뚱뚱한 몸도 세상에 존재하는 다양한 몸의 형태 중 하나로 당연히 받아들이게 돼. '뚱뚱하다'는 말도 나쁜 말이 아니라 그냥 몸의 모습을 표현하는 말이 되는 거지.

다이어트 문화는 사람들이 날씬하면 행복할 거라 믿게 만들고, 나아가 표준적이지 않은 몸을 비난하는 분위기를 조장해 왔어.

날씬하면 칭찬을 받는 것과 마찬가지로, '뚱뚱하다'는 말은 어릴 때부터 이미 모욕적인 단어가 되어 버렸어. 이제 이 단어에서 부정적인 느낌을 지우는 건 불가능하다 보니 그런 몸을 가진 사람이 받는 피해가 너무 심각해. 그런데 이게 다가 아니야. 병원 진료에서 적절한 치료를 받지 못하거나, 그들이 겪는 불편함을 해소할 수 있는 알맞은 검사를 받지 못하는 경우도 있어. 무슨 자동 모드가 작동되는 것처럼 환자를 보자마자 상태가 나아지고 싶으면 살을 빼라고 하거든.

음식도 똑같아. 몸무게만 다르고 먹는 음식은 똑같은 두 사람이 있다고 가정해 봐. 몸무게가 더 나가는 사람은 다른 사람에 비해 '그렇게 먹으니 몸이 그 모양이지'라는 말로 평가를 받게 돼. 이런 분위기는 사회 깊숙이 자리 잡아 이제 하나의 감정으로 변질되기까지 했어. '나 뚱뚱한 것 같아'

라는 말, 많이 들어 봤지? 몸매가 만족스럽지 않을 때 이런 표현을 하곤 해. 우리 몸에 지방이 쌓일 때 감정도 같이 쌓이는 것처럼 말이야. 그러다 보니 이런 공식이 생겼어.

뚱뚱하다 = 건강하지 않다
날씬하다 = 건강하다

표준적인 몸이 아닌 뚱뚱한 몸을 지닌 사람에게 낙인을 찍어서 결국 그들이 자기 몸은 쓸모가 없고 사랑받을 자격도 없다고 생각하게 만들었지. 하지만 그렇지 않아. 이걸 꼭 기억해.

누군가의 건강은 그 사람의 몸만 보고는 알 수 없다는 사실.

비교는 행복을 앗아 가는 지름길

SNS는 다른 사람들이 어떻게 사는지 부분적으로 보여 주기 때문에 비교가 많이 일어나는 곳이지. 물론 그 일부분은 항상 멋지고 아름답게 보여. 하지만 보이는 것과 현실은 전혀 다르다는 사실을 우리는 이미 알고 있어.

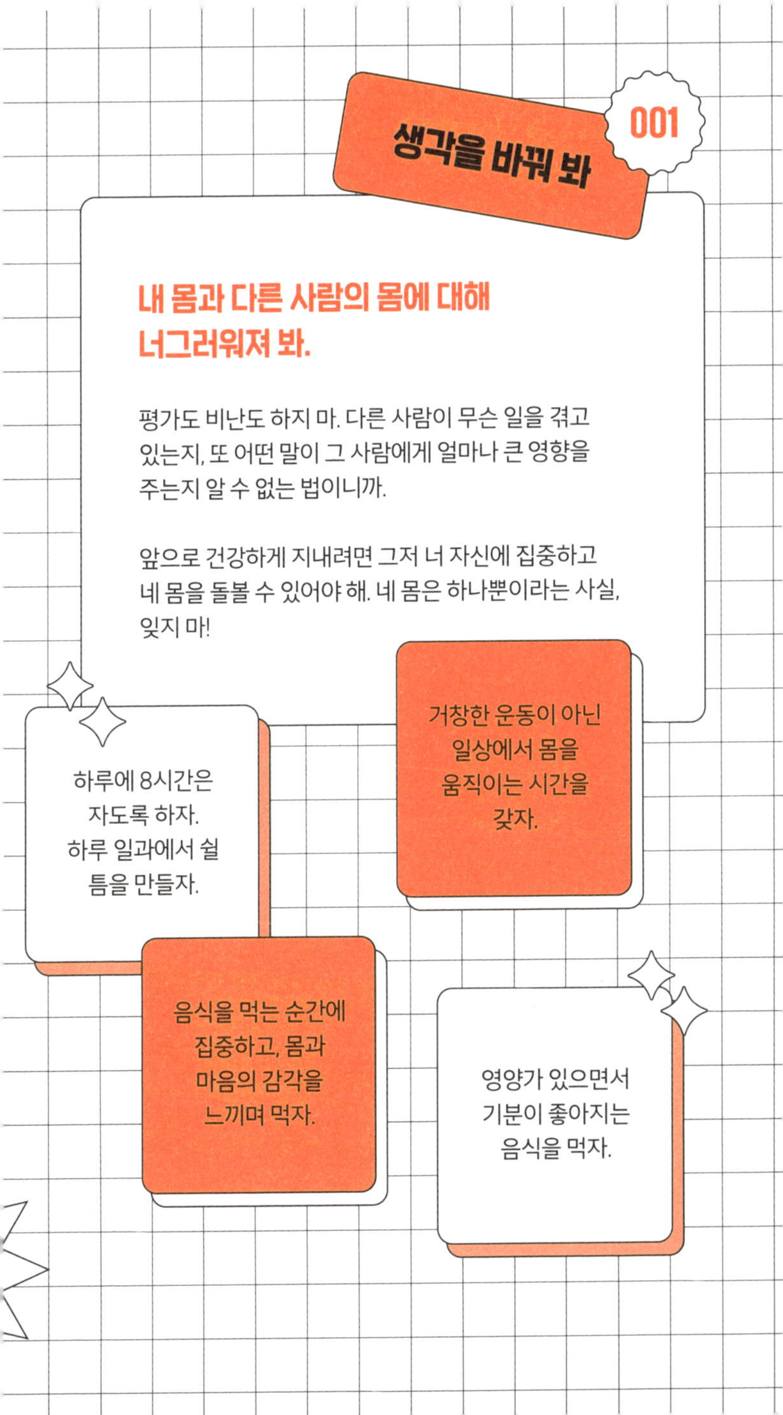
생각을 바꿔 봐

001

내 몸과 다른 사람의 몸에 대해
너그러워져 봐.

평가도 비난도 하지 마. 다른 사람이 무슨 일을 겪고
있는지, 또 어떤 말이 그 사람에게 얼마나 큰 영향을
주는지 알 수 없는 법이니까.

앞으로 건강하게 지내려면 그저 너 자신에 집중하고
네 몸을 돌볼 수 있어야 해. 네 몸은 하나뿐이라는 사실,
잊지 마!

하루에 8시간은
자도록 하자.
하루 일과에서 쉴
틈을 만들자.

거창한 운동이 아닌
일상에서 몸을
움직이는 시간을
갖자.

음식을 먹는 순간에
집중하고, 몸과
마음의 감각을
느끼며 먹자.

영양가 있으면서
기분이 좋아지는
음식을 먹자.

혹시 너도 SNS를 하고 게시물도 올린다면 뭐 하나 물어봐도 될까?

넌 기분 안 좋은 날 SNS에 공유해?

아마 아닐 거야. 그런데 멋지거나 마음에 드는 장소에서 즐거운 시간을 보내고 있을 때는 분명 공유하겠지? 다른 사람들도 마찬가지야. 자신이 보여 주고 싶은 것만 보여 줄 뿐, 사실 그건 그들의 현실 중 아주 작은 부분이야.

보통 우리는 자신이 가장 불안하거나 어려움을 겪고 있을 때 다른 사람들과 비교하게 돼. 주로 몸매, 음식, 사회생활 등에서 그렇지. 음식과의 관계가 어려운 경우 매일 핸드폰으로 다른 사람들이 뭘 먹는지 보다 보면 '쟤는 나보다 낫네', '나는 저런 의지가 없는데…… 난 구제 불능인가 봐', 혹은 '저런 몸과 인생을 갖고 싶다면 저렇게 먹어야지'와 같은 생각이 들 수 있어.

하지만 그 사람이 실제로 그 음식을 먹는지는 알 길이 없어. 아마 SNS에 올리지 않는 다른 음식을 먹을 수도 있고, 그 음식은 다른 날 먹은 것일 수도 있어. 아니면 그것만 먹

핸드폰을 꺼내서 SNS 앱 하나를 열고 팔로우하는 사람들을
전부 확인해 봐.

네가 특히 자주 비교하는 사람이 있어?
스토리나 게시물이 올라올 때마다
기분이 나쁜 사람은?
그렇다면 왜 계속 팔로우하고 있어?

네가 인터넷에서 자주 검색하는 정보가 네 SNS에 노출된다는
사실을 기억해. 그러니 네가 시간을 주로 어디에 쓰고 있는지
잘 살펴봐. 그러다 보면 다른 페이지나 계정, 혹은 신중하게
콘텐츠를 올리는 사람에게 더 시간을 쓸 수 있을 거야.

먼저 네가 좋은 감정을 전혀 느끼지 못하는 사람들을 정리해
봐. 만약 어떤 이유로 팔로우 목록에 그대로 두고 싶다면,
상대가 모르게 그 사람의 게시물이나 메시지를 차단하는
기능이 있다는 걸 잊지 마.

happy
hair

으면서 주린 배를 부여잡고 있을 수도 있겠지. 심지어 아예 먹은 적이 없는 음식을 올렸거나.

이렇게 경우의 수가 너무 많다 보니, 네가 그 사람과 24시간 붙어 있어야만 SNS에 올린 내용이 진짜인지, 아니면 단순히 과시인지 알 수 있을 거야.

그러니까 누군가와 자신을 비교하기 전에 잠깐만 멈추고 심호흡해 봐. 그리고 떠올려 봐. 다른 사람들에게 보여 주려는 게시물일 뿐, 실제는 매우 다를 수 있다는 거.

주변에 널린 독소

모든 광고 메시지는 기본적으로 네 몸을 완벽하게 만들라고 부추기는 제품을 홍보하는 문구들이야. 온통 '몸'만 외치고 있지. 그런데 독이 되는 메시지가 인터넷이나 TV, 아니면 잡지에만 있는 건 아니야. 우리가 간과하는 또 다른 장소는 바로…… 우리의 일상이야. 네가 주변에서 들었을 법한 독이 되는 말에는 이런 것들이 있지.

"와, 너 예뻐졌다! 살 빠진 거 아냐?"

"진짜 그걸 다 먹으려고?"

"근육 장난 아니다! 몸이 점점 좋아지는데?"

이 문장들은 언뜻 긍정적으로 보이지만, 사실 독이 든 선물과도 같아. 가장 나쁜 이유는 사람들이 이런 말을 칭찬으로 생각해서 너에게 한다는 거야. 그 속에 숨겨진 부정적인 메시지나, 너의 무의식에 미칠 영향은 모르는 거지.

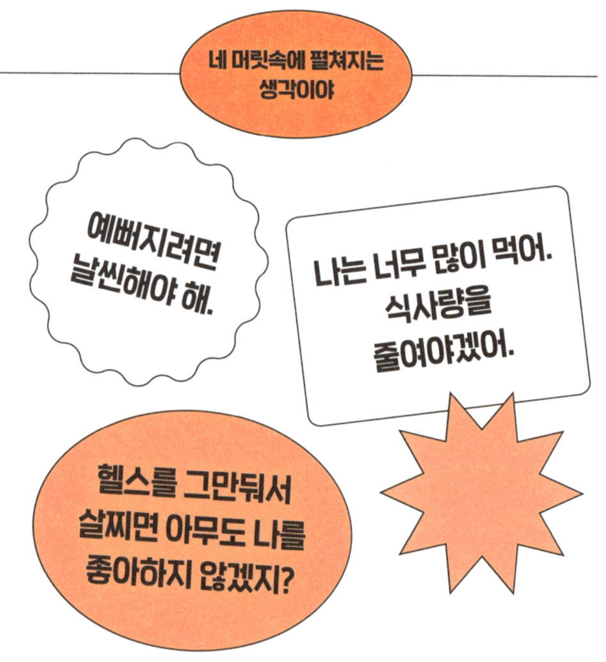

이런 부정적인 생각들로 인해 자기 자신을 더 채찍질하고, 지금 모습이 충분하지 않다고 느끼게 돼. 그러면서 불안감이 커지고, 나쁜 생각이 계속 머릿속을 맴돌기 시작해. 완벽하기 위해 뭘 해야 하는지 끊임없이 자문하게 되는 거야. SNS를 집요하게 들여다보고, 신중하지 못한 행동을 하기도 해. 결국 자존감은 바닥으로 떨어지게 되지.

3장

독이 되는 말
깨부수기

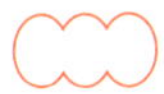

선을 그어! 지금 네가 한 말이 마음에 들지 않는다고 알려 주는 거지.

'나'의 관점에서 말하기

몸에 관한 말을 듣게 되면 그때 너의 기분을 표현하는 데 집중해 봐.

늘어진 테이프 되기

선을 긋고 내 기분을 말했는데도 여전히 비슷한 말을 계속 한다면, 기계처럼 반복해서 알려 줘. 필요한 만큼 계속!

관계 놓기

전부 시도했는데도 그대로라면 그 사람과 최대한 멀어지는 게 최선이야. 관계를 놓는다는 건 그 사람과 완전히 연락을 끊으라는 의미가 아니라(원하면 그렇게 할 수 있겠지만), 내가 덜 상처받는 위치에 그 사람을 '재배치'한다는 뜻이야. 그러니까 연락을 줄이거나 용건만 간단히 말하는 등 거리 두기를 하는 거지.

내 몸에 대해 그렇게
말하는 건 별로야.

나만큼 나를 잘 아는
사람은 없어.

그러니 내가 뭘 먹어야 하고 뭘 먹지 말아야 하는지
더는 말하지 마.

운동에 대한 집착, 칼로리를 태우자!

튀김이나 과자, 초콜릿 등 내 입에 들어간 건 죄다 '태워야' 한다고 믿는 일과 운동을 해야 한다는 강박 관념만큼 독이 되는 것도 없어. 독이 되는 생각을 다 나열하자면 끝이 없어. 그 자체로도 악몽 같지. 이런 생각을 가지다 보니 결국 운동을 의무감으로만 해서 전혀 즐기지 못하게 돼.

너는 칼로리를 태운다는 생각만으로 기계적으로 헬스장에 가게 돼. 좋아하는 인플루언서가 근사한 몸매를 만들기 위해 하는 운동을 따라 하거나, 화성까지 갈 기세로 러닝 머신에서 몇 시간씩 뛰기도 하고.

운동을 하기 싫을 수도 있고, 네 몸이 휴식이나 영화 보기를 원할 수도 있지만, 이런 마음은 모른 척한 채 헬스장에 무조건 가야 한다고 생각하는 거지. 몸이 뭘 원하는지 무시하고, 무슨 일이 있어도 매일 운동을 강행하는 거야. 그렇게 반복하면서 시간이 지나가. 결국 네가 좋아하는 인플루언서와 같은 몸매를 만들지 못하면 좌절감을 맛보게 되지.

미리 말할게. 인플루언서와 같은 시간만큼 운동하고 똑같은 음식을 먹는다고 해도, 너와 그 사람은 달라. 유전자도 다르고, 생활 습관이나 수면 패턴도 다르지. 그래서 절대 그 사람과 똑같은 몸을 가질 수 없는 거야. 똑같은 사람이 둘일 수는 없으니까. 그 사람과 똑같아지지 않는다고 잘못되는 것도 아니고.

게다가 그 인플루언서는 종일 SNS에 게시물만 올리는 게 아니야. 어쩌면 생각보다 운동에 더 많은 시간을 투자하고 있을 거라고. 식단을 제한하거나 정신 건강에 어려움을 겪고 있을지도 모르지.

운동은 네 건강에 큰 도움이 돼.

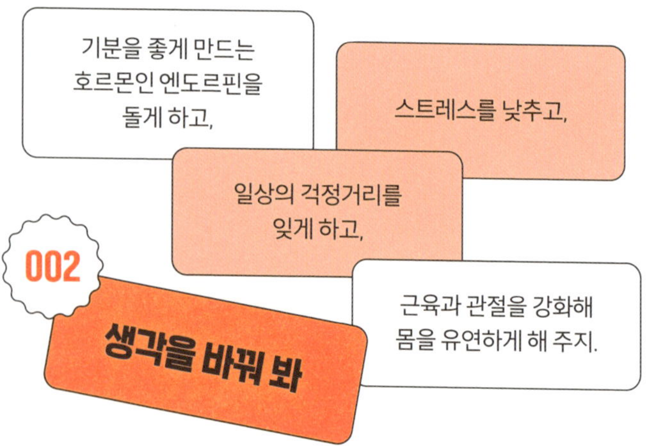

운동의 여러 가지 장점은 살을 빼는 것보다 훨씬 더 강력하고,
더 오래 가. 운동을 의무감으로 하는 대신, 너에 의한,
그리고 너를 위한 자기 관리로 생각해야 해.

운동을 즐기려고 해 봐. 즐기면서 할 수 있는 운동이 얼마나
많은데. 다양한 수업을 들어 보고, 가장 마음에 드는 걸 찾아봐.
친구들과 함께 운동하거나 그룹 수업을 들어도 좋아.
가장 중요한 건, 즐겨!

더는 네 몸 때문에 힘들어하지 않기

다이어트 문화는 자신이 가진 몸을 힘들어하는 데서 출발
해. 네가 쫓는 '완벽함'에 대한 갈망과 날씬하고 날렵한 몸
매(또는 유행에 따라 근육질이거나 곡선미가 있는 몸매)를 가
지면 인생이 완벽하고 행복해질 거라는 생각이 바로 다이
어트 문화 때문에 생겨난 거야.

다이어트 문화에 따르면, 본보기가 되는
완벽한 몸이 아니라면 그런 몸을 만들기 위해
당장 다음과 같이 행동해야 해.

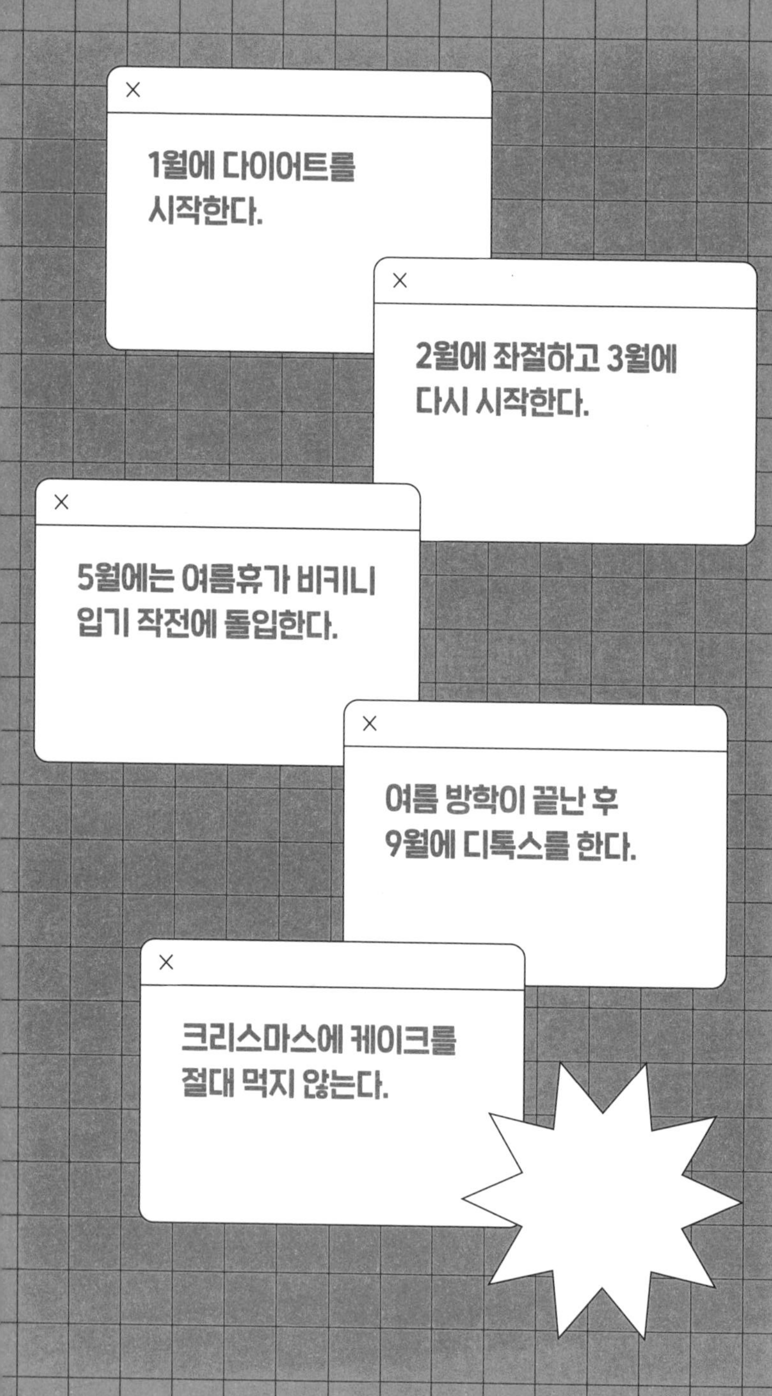

1월에 다이어트를 시작한다.
2월에 좌절하고 3월에 다시 시작한다.
5월에는 여름휴가 비키니 입기 작전에 돌입한다.
여름 방학이 끝난 후 9월에 디톡스를 한다.
크리스마스에 케이크를 절대 먹지 않는다.

누가 뭐라고 하든 이런 삶은 건강하다고 볼 수 없어.

완벽이 존재하냐 묻는다면 '아니'라고 단호하게 말할 수 있어. 완벽을 추구하다 보면 늘 더 많은 것을 원하게 되고, 현재 가진 것에 만족할 수 없게 돼. 더 좋은 걸 가질 수 있을 것만 같거든. 결국 환상을 바라게 되는 거지. 참 피곤하면서 동시에 허무한 일이야.

완벽이 존재할 수 없기에
네가 있다고 믿는 완벽한 몸도
존재하지 않는 거야.

모든 몸은 저마다 완벽한 무언가를 품고 있어.
그러니까 네가 존재하고 살아갈 수 있는 거야.

몸이 없었다면, 지금 네가 하는 많은 일을
할 수 없었을 거야!

모든 몸은 크기, 피부색, 형태와 상관없이 가치가
있어. 몸은 저마다 존중과 사랑을 받고,
있는 그대로 받아들여져야 해.

누구도 자신이 가지고 있는 몸 때문에
고통받아서는 안 돼.

'완벽하다'라는 단어를 '가치 있다'로 바꾸고,
자기 몸에 더 너그러워지길 바라.

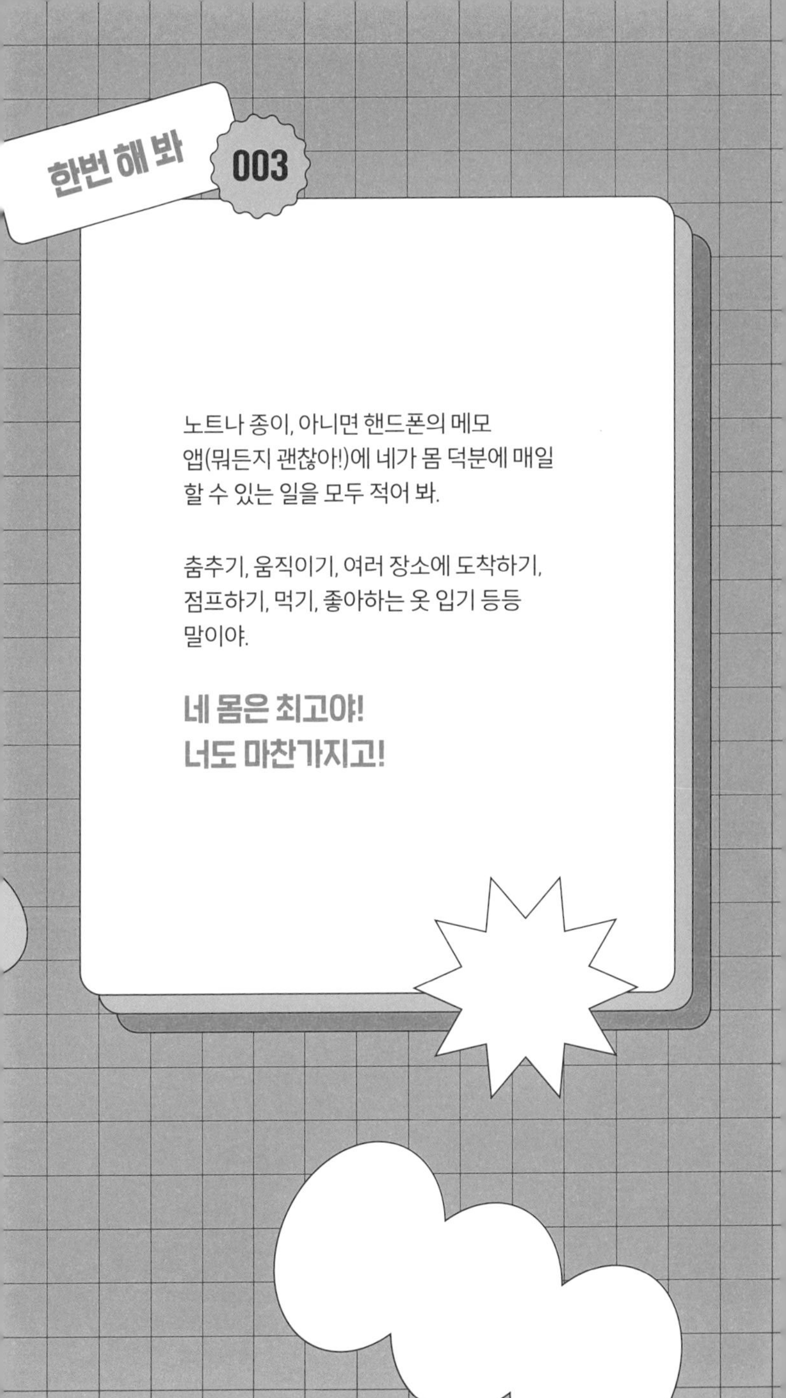
한번 해 봐
003
노트나 종이, 아니면 핸드폰의 메모
앱(뭐든지 괜찮아!)에 네가 몸 덕분에 매일
할 수 있는 일을 모두 적어 봐.

춤추기, 움직이기, 여러 장소에 도착하기,
점프하기, 먹기, 좋아하는 옷 입기 등등
말이야.

네 몸은 최고야!
너도 마찬가지고!

4장

맞추지 말고
너답게

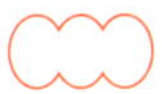

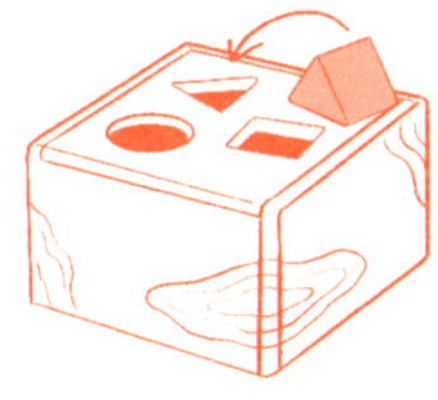

자, 이건 아마 너도 아는 장난감일 거야. 어린아이의 소근육을 발달시키기 위해 각 도형을 맞는 자리에 끼워 맞추는 놀잇감이야.

이 장난감을 선물 받은 아이가 있다고 쳐. 누가 봐도 맞지 않은 자리에 도형 조각을 끼우려고 낑낑대는 아이 모습을 상상해 봐. 가령 삼각형을 원형 구멍에 끼우려는 식이지.

아이는 여러 번 조각을 돌려 보지만 잘 맞지 않자 억지로 끼워 넣으려 해. 조각이 살짝 긁히면서 마침내 들어가게 돼. 하지만 그 조각은 망가진 채 잘못 맞춰진 거야. 자기 자리가 아니니까. 이제 네가 그 도형 조각이라고 생각해 봐. 주변 사람들 모두에게 맞추려고 하는 네 모습이 어때?

모두 저마다의 퍼즐이 있고, 거기에는 너라는 조각이 들어갈 자리가 없을 수도 있어. 마찬가지로 너만의 퍼즐에 다른 사람들의 조각이 못 들어갈 수도 있어. 그런데도 너는 계속 남의 퍼즐에 네 조각을 맞추려고 하지. 그렇게 해야 할 것 같으니까. 모든 방법을 동원해 맞추려고 해. 다른 사람들의 취미에 관심을 가지고, 남의 생각과 비슷하게 네 생각을 바꾸거나 같은 음악을 듣는 식으로 말이야……

잠깐은 조각이 맞춰진 느낌이 들겠지만, 모양을 가만히 들여다보면 너무 많이 바꾼 나머지 결국 망가졌다는 사실을 깨닫게 될 거야. 더 이상 처음의 모습이 아닌 거지.

남에게 맞추다 네 색이 사라져

우리 모두 자신만의 퍼즐을 가지고 있어. 그 퍼즐 속에는 우리에게 맞는 조각들이 가득해. 취미, 생각, 가치관, 성격, 성향 등이 비슷한 사람이나 그저 같이 있으면 편한 사람 말이야. 네가 있을 곳은 바로 거기, 네 퍼즐이야.

너와 맞는 조각들을 네 삶에 가지고 와야지 반대가 되어서는 안 돼. 새로운 친구를 사귈 장소는 많아. 요즘에는 친구 사귀기 앱도 있으니까(쉿, 인터넷도 좋은 점이 많다고!).

네 친구 관계를 점검해 봐.
사실 잘 안 맞는데도 억지로
맞춘 사람이 있어?

너답게 살면 어떨 거 같아?
마음이 전하는 대로 느끼고,
크게 의미 없는 건 내려놔.

네 몸이 창피하다고?

완벽한 몸은 없어. 다양한 몸은 있지만. 뚱뚱한 몸, 마른 몸, 키가 큰 몸, 작은 몸, 신체 부위 하나가 없는 몸 등 그야말로 온갖 종류의 몸이 존재해.

친구들 몸은 서로 비슷한데 너만 다르면 어떨까? 아마 네 기분을 나쁘게 만드는 여러 감정이 들겠지?

**창피함, 불안함, 두려움,
그리고 그놈의 열등감까지.**

네가 속한 무리가 주로 입는 옷 스타일이 있는데 너는 그 스타일을 입을 수 없다면 앞서 말한 감정을 느끼게 될 거야. 맞는 치수가 없어서 다른 가게를 가야 하거나, 친구들만큼 소화하지 못해서, 혹은 너 스스로 그런 옷은 못 입는다고 생각해서(아니면 남들이 네가 그렇게 생각하게 만들었거나) 등 이유는 많아.

무리에 네가 어울리지 않는다고 느껴서 소속감이 들지 않을 때 마음이 불편해지지. 그런데 친구들과 똑같아야만 무리에 속하게 되는 걸까?

그 친구들이 모두 음악 취향이나 취미, 또는 생각이 같은 건 아니잖아? 우리가 일란성 쌍둥이도 아닌데, 취향이 다르듯이 몸도 다 다른 거 아닐까?

네가 속한 환경이 마음 편하지 않고, 너를 평가하고, 네 진짜 생각과 감정을 표현하기 주저하게 하고, 자꾸 트집을 잡는다면…… 거긴 네가 있을 곳이 아닌 거야. 네 몸이 달라진다고 해도 너를 있는 그대로 받아 주지 않을걸? 여전히 너에게는 그다지 좋은 사람들이 아닐 거고, 네 몸이 바뀐다고 해도 그들이 좋은 사람으로 둔갑하지는 않을 거거든. 받아들이기 힘들겠지만 사실이야.

만약 네 몸이 달라졌다고
너를 좀 더 챙긴다면,
애당초 너를 있는 그대로 좋아한 게 아닌 거지.
이런 대우를 받아도 될 사람이
어디 있겠어.

너에 대한 타인의 애정이
몸에 따라 달라져선 안 돼

가장 기본적인 것부터 시작해 보자. 너는 조건 없는 사랑을 받아야 해. 어렸을 때부터 가까운 사람들의 따뜻한 온기뿐만 아니라, 너를 있는 그대로 사랑하고 신경 써 주는 마음을 느껴야 했어.

덕분에 네가 안정적인 애착 관계를 형성할 수 있었던 거야.

반대로 네가 유년기에 조건 없는 사랑을 받지 못하고 몸매, 옷 사이즈, 식습관 또는 네 성격의 어떤 한 부분에 대한 평가를 받았다면, 자라면서 음식이나 몸에 대해 좋은 관계를 맺기 힘들었을 거야. 어릴 때부터 안정적이고 친밀한 정서를 기르지 못했을 테니까. 방금 말한 부분이 나이가 들어 가면서 네가 다른 사람들과 맺는 관계에 영향을 주게 돼.

유년기에 조건 없는 사랑을 받은 경우

가치관

나는 지금 모습 그대로 사랑받아야 해.

성장 후 결과

타인과의 관계에서 존중받지 못하면 네 가치관과 충돌하게 돼. 그래서 적절히 선을 긋거나 필요하면 관계를 끊기도 하지.

"나는 사랑받을 자격이 있다고 배웠어. 네가 나를 사랑하지 않으면…… 빠이빠이!"

가치관

**나는 사랑받을 자격이 없어.
그러니 남들이 나를 좋아하게
하려면 내가 바뀌어야 해.**

성장 후 결과

타인과의 관계에서 존중받지 못해도
가치관에서 어긋나지 않으니
관계에서 선을 긋기 어려워.
너 스스로 나쁜 평가를 받아도 된다고
생각해 버리니까 말이야.

"부모님이 나를 비난했지만 그게
사실인 걸 뭘. 나는 욕먹어도 싸."

이제 확실히 알겠지?
너를 진짜 아끼는
사람들은 있는
그대로의 너를
사랑한다는 사실!
네게 돈이 얼마나
있는지, 무슨 공부를
하고 무슨 일을
하는지, 어떤 몸을
지녔는지는 전혀
중요하지 않아.

너는 너 자체로 중요해.

5장

체중계는 위험해

'다이어트'라는 단어는 원래 '식습관'을 뜻하지만 주로 살을 빼거나 몸을 어떤 식으로든 바꾸기 위해 따르는 식이 요법을 가리키는 말로 쓰여.

그래서 내가 이 책에서 '다이어트'라고 할 때는 체중 감량을 위한 식이 요법을 의미해.

건강에 문제가 있을 때

특별한 이유로 다이어트를 해야 하거나, 의료인이 네 병력, 특징, 문제점 등을 고려해 다이어트를 권했다면 그건 다른 얘기야. 이 경우 의료인의 지시에 따라 다이어트를 한다면 문제가 되지 않아.

모든 다이어트는 반드시 제한을 두게 돼. 특정 음식군(지방, 단백질 또는 탄수화물)을 못 먹게 하거나 칼로리, 당 수치 등에 제동을 거는 식이지.

다이어트 종류도 너무 많아서 하나하나 소개하자면 책장이 모자랄 정도야. 대신 다이어트가 가져올 위험에 대해서는 자세하게 살펴보려고 해.

불안감은 나쁜 신호

다이어트는 늘 불안감을 만들어. 톨게이트 없는 고속도로처럼, 다이어트를 하면 불안감으로 바로 향할 수 있어.

음식을 제한하다 보면 몸이 금지된 음식을 더 갈구하게 돼. 먹고 싶은 욕구가 불안감으로 변하면서 네 머릿속에서 '먹고 싶다'를 끊임없이 외치게 만들어. 결국 원하는 음식을 먹기로 결정하면 멈추지 못하고 허겁지겁 먹게 되지.

불안감은 강박적인 생각으로도 나타나. 내가 먹은 음식, 먹을 음식, 먹고 싶은 음식, 다른 사람들은 먹지만 나는 못 먹는 음식 등에 대해 끊임없이 생각하게 돼. 뇌가 말 그대로 온종일 음식만 떠올리면서 불안해하는 거야. 끝없이 연결된 고리처럼 말이야.

배고프다는 신호 무시하기

다이어트가 위험한 가장 큰 이유는 몸이 보내는 신호를 외면하게 만든다는 거야. 어떤 신호를 말하냐고? 연기로 보내는 신호냐고?

그게 아니라 허기와 포만감의 신호 말이야. 특정 음식을 제한하다 보니 몸이 원하지만 네가 외면하는 음식을 안 먹게 되니까.

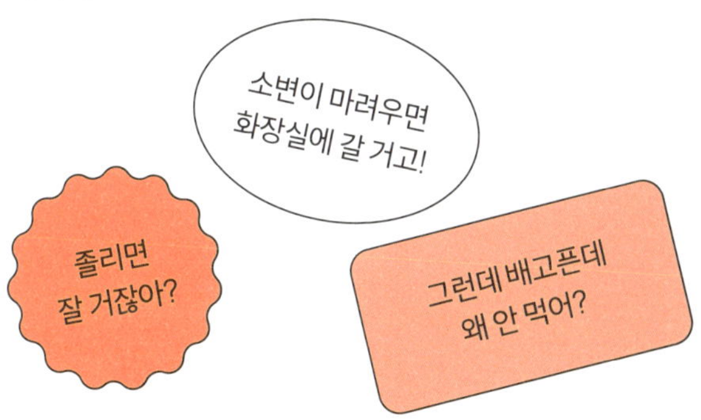

몸이 보내는 신호에 귀 기울이지 않아서 배고픈데 먹지 않고, 배고프지 않은데 먹는다면, 네 몸은 이제 헷갈려서 정확한 신호를 보내지 않게 돼. 그렇게 되면 배가 고픈지, 배가 부른지 알 수 없게 될 거야.

이성적으로 생각해 봐.
200g짜리 감자를 눈앞에 두고
다이어트 때문에 180g만 먹어야
한다고 가정해 봐. 그럼 감자를 남겨서
냉장고에 둬야 할까? 진짜 먹고 싶을 때
감자 한 알을 다 먹는다고 정말 그렇게
큰 문제가 될까?

잘 생각해 봐.
감자를 남기는 게 너에게 진짜
의미가 있는 일이야?

다이어트 뒤에 숨은 진실

다이어트와 몸에 대한 강박에 숨겨진 여러 가지 사실을 이제 알 때가 됐어. 이 둘에는 숨겨진 기능이 있어. 바로 원하던 대로 날씬한 몸매를 가지기만 하면 객관적이든 주관적이든 생길 거라고 믿는 일종의 특혜 같은 것이지.

가장 일반적인 기능은 아래와 같아.

무리에 끼기

살을 빼서 친구들과 비슷한 몸이 되면 지금은 편하지 않은 무리에 비로소 편히 낄 수 있다고 생각하는 거야.

반항하기

네가 적게 먹는 건 분노를 표출하는 방법일 수도 있어. 다른 방식으로 표현하는 방법을 배운 적이 없거든.

인정받기

살을 빼면 사람들이 더 이상 너에게 딴지 걸지 않고, 인기가 생길 거라 믿는 거지.

성취감 맛보기

일이 죄다 안 풀린다고 느낄 때 다이어트를 시작했는데 곧바로 변화가 나타난다면, 그게 너를 가치 있게 만드는 유일한 방법이라고 생각할 수 있어.

부모님께 자랑스러운 자식 되기

네가 살을 빼면 부모님이 더 기뻐할 거라고 믿는 거야. 부모님 때문에 평생 네 몸을 있는 그대로 받아들일 수 없었으니까.

이제 알겠지? 실제로 다이어트에서 추구하는 건 몸 그 이상이라는 사실 말이야. 그러니 다이어트가 해결책은 아니야. 가장 좋은 해결책은 네가 필요한 것을 표현하는 법을 배우는 거야.

다이어트 중독

항상, 언제나, 늘 다이어트를 하는 사람들이 있어. 이 다이어트가 아니면 저 다이어트를 하고 있는 식이지. 그들은 자신이 늘 몸을 바꾸려고 한다는 사실조차 자각하지 못해.

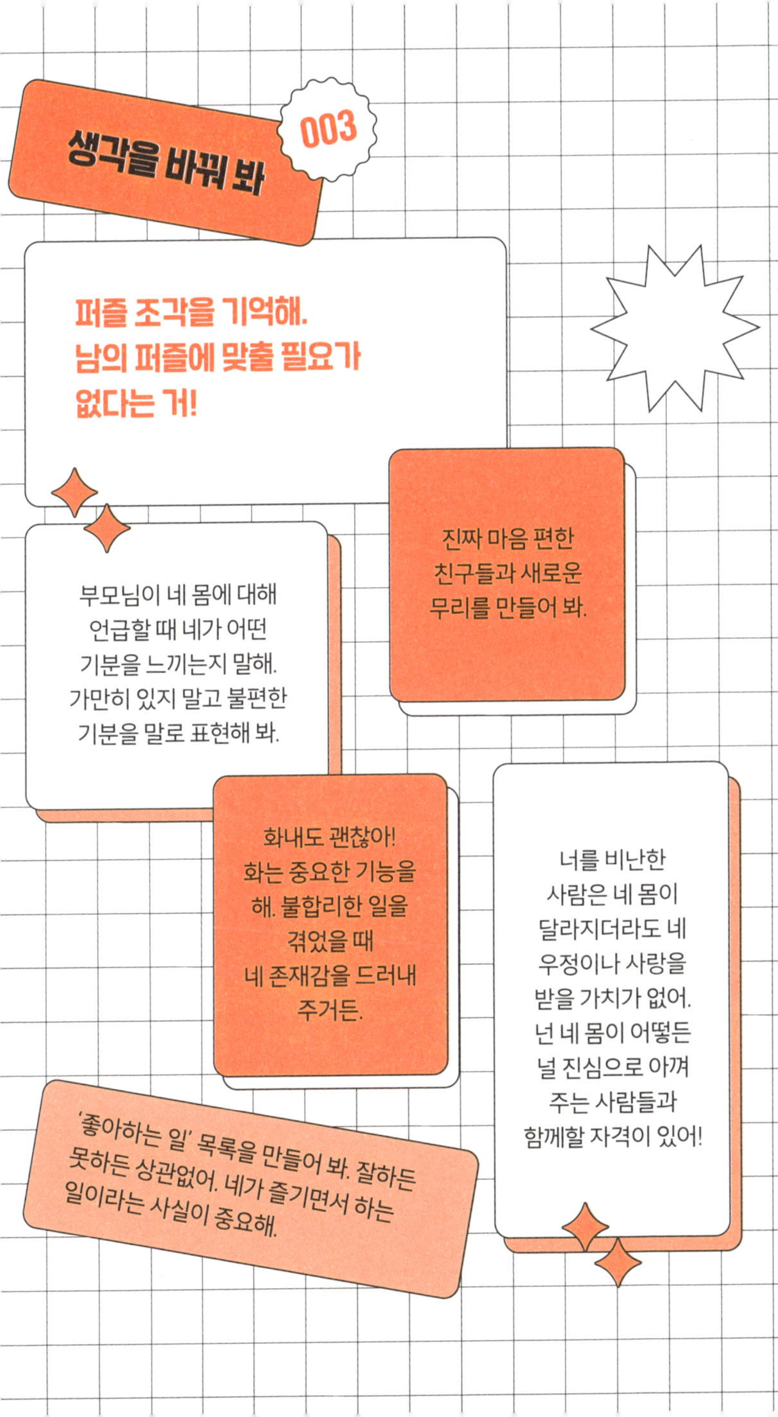

생각을 바꿔 봐

003

퍼즐 조각을 기억해.
남의 퍼즐에 맞출 필요가
없다는 거!

부모님이 네 몸에 대해
언급할 때 네가 어떤
기분을 느끼는지 말해.
가만히 있지 말고 불편한
기분을 말로 표현해 봐.

진짜 마음 편한
친구들과 새로운
무리를 만들어 봐.

화내도 괜찮아!
화는 중요한 기능을
해. 불합리한 일을
겪었을 때
네 존재감을 드러내
주거든.

너를 비난한
사람은 네 몸이
달라지더라도 네
우정이나 사랑을
받을 가치가 없어.
넌 네 몸이 어떻든
널 진심으로 아껴
주는 사람들과
함께할 자격이 있어!

'좋아하는 일' 목록을 만들어 봐. 잘하든
못하든 상관없어. 네가 즐기면서 하는
일이라는 사실이 중요해.

왜 그렇게 많은 다이어트를 하겠어? 결국 어떤 다이어트
도 효과가 없기 때문이지.

다이어트에 빠진 사람들은
통제감과 인정받는 기분에 빠져들어
악순환에서 벗어나는 방법을 몰라.

다이어트를 시작하고 겉보기에 몸이 바뀌게 되면 주변 사
람들로부터 긍정적이지만 잘못된 말을 듣게 돼. '의지가
대단하다', '몸매가 좋아졌다', '살 뺀 티가 많이 난다' 등
등……. 하지만 이런 평가는 부정적이라는 사실을 명심해.

날씬해진 몸의 변화만 추켜세우고, 건강이나 기분 등의 다
른 중요한 요소들을 무시하다 보면 결국 다이어트를 멈출
수 없게 돼. 계속 칭찬하는 말을 듣고 싶으니까. 그래서 다
이어트의 악순환에서 벗어나기 어려운 거야.

명심해. 몸무게가 아니라 있는 그대로의 모습으로 너를 인
정해 주는 사람들을 주변에 둬야 한다는 사실!

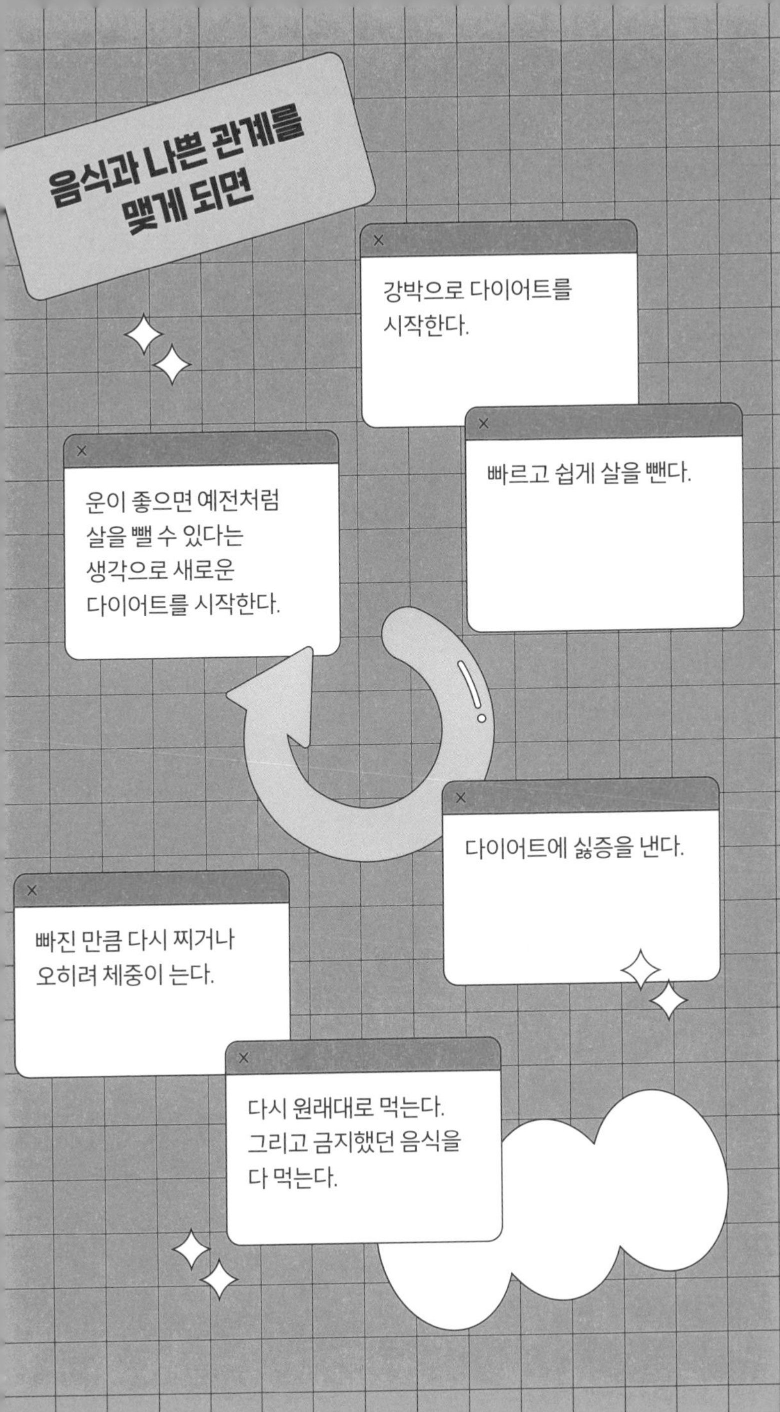
음식과 나쁜 관계를 맺게 되면

강박으로 다이어트를 시작한다.

빠르고 쉽게 살을 뺀다.

운이 좋으면 예전처럼 살을 뺄 수 있다는 생각으로 새로운 다이어트를 시작한다.

다이어트에 싫증을 낸다.

빠진 만큼 다시 찌거나 오히려 체중이 는다.

다시 원래대로 먹는다. 그리고 금지했던 음식을 다 먹는다.

항상 허기져

몸을 제한적인 상태로 두면 스트레스의 굴레에 빠져들어서 음식을 갈구하는 상태가 돼. 그러다 보니 항상 허기진 기분을 느끼게 되지.

네 몸은 똑똑해. 잘 돌봐 주면 몸은 네가 배고픈 때와 배부른 때를 구별할 수 있어. 허기짐이 계속 느껴진다면 그건 진짜로 배고픈 게 아니라 불안이나 다른 정서적 공허감일 수 있어. 어떻게 구별하는지 이제 알려 줄게.

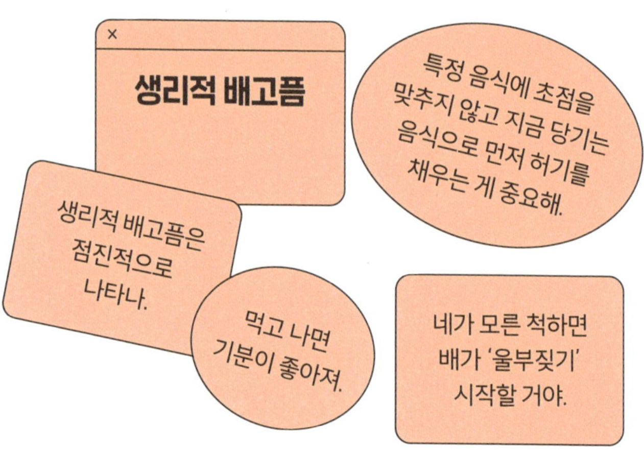

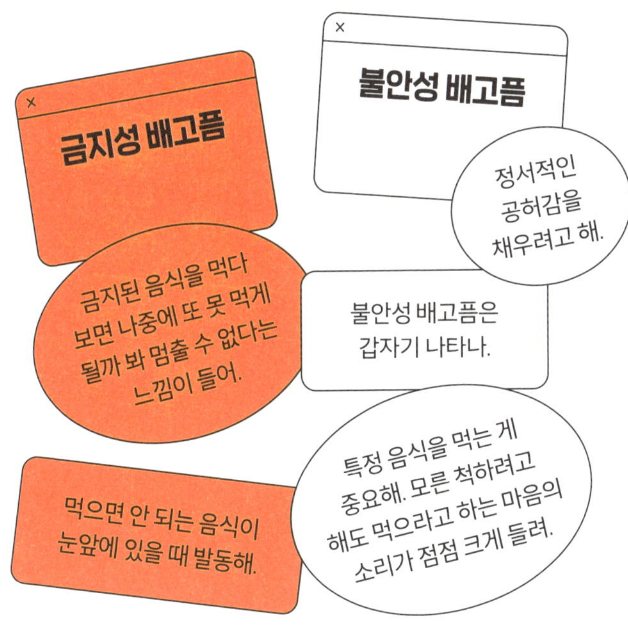

어떤 종류의 허기이든 배고프면 먹고 싶은 게 당연해. 사실 먹는다고 해도 아무 일도 일어나지 않아. 불안함 외에도 '정상적인' 배고픔보다 더 큰 허기를 느끼게 하는 다른 요인들이 많아.

가령 충분히 먹지 않았거나, 식전에 운동을 많이 해서 에너지가 더 필요하거나, 혹은 충분히 쉬지 못했을 때 평소보다 더 배고프다고 느낄 수 있어.

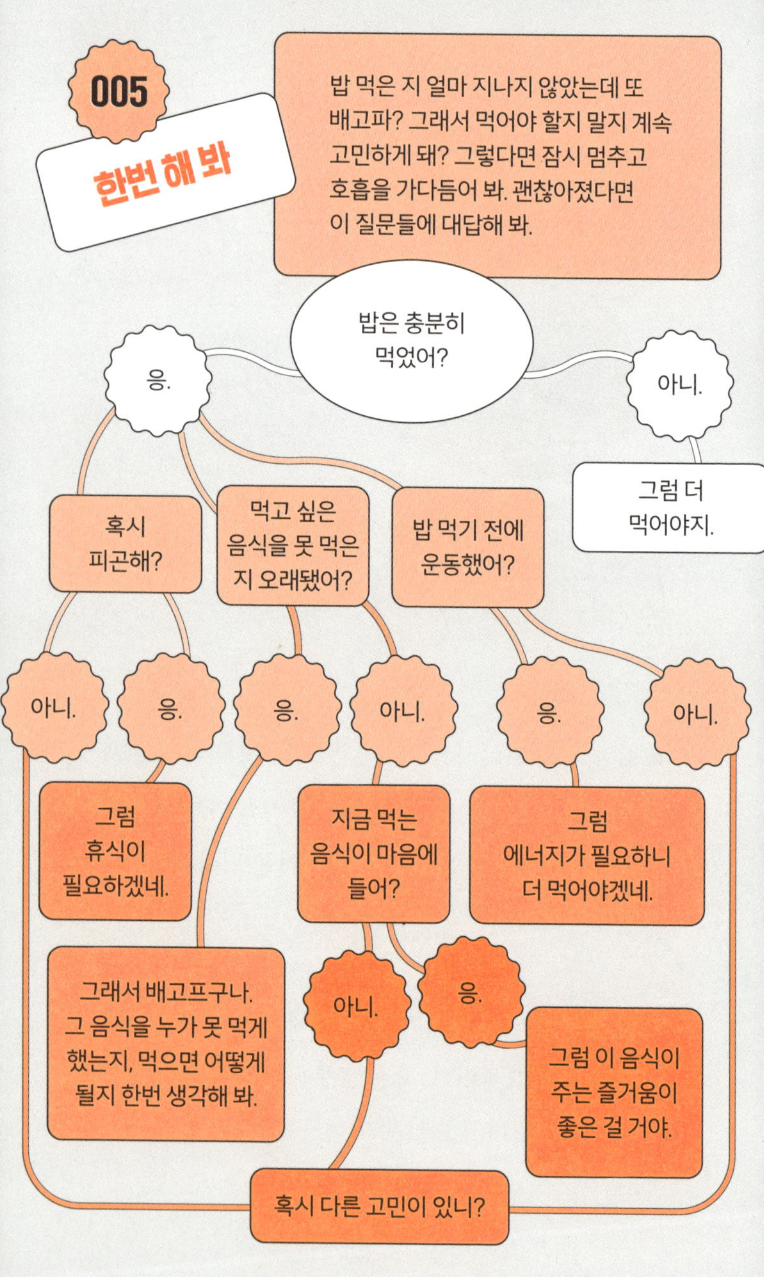
005
한번 해 봐
밥 먹은 지 얼마 지나지 않았는데 또 배고파? 그래서 먹어야 할지 말지 계속 고민하게 돼? 그렇다면 잠시 멈추고 호흡을 가다듬어 봐. 괜찮아졌다면 이 질문들에 대답해 봐.
밥은 충분히 먹었어?
응.
아니.
그럼 더 먹어야지.
혹시 피곤해?
먹고 싶은 음식을 못 먹은 지 오래됐어?
밥 먹기 전에 운동했어?
아니.
응.
응.
아니.
응.
아니.
그럼 휴식이 필요하겠네.
지금 먹는 음식이 마음에 들어?
그럼 에너지가 필요하니 더 먹어야겠네.
그래서 배고프구나. 그 음식을 누가 못 먹게 했는지, 먹으면 어떻게 될지 한번 생각해 봐.
아니.
응.
그럼 이 음식이 주는 즐거움이 좋은 걸 거야.
혹시 다른 고민이 있니?

배고프면 언제든지 먹을 수 있게
스스로 무조건 허락해 줘.

체중을 통제 수단으로 사용하기

네 몸매가 꽤 괜찮다고 생각하던 중에 몸무게를 재 보기로 했는데…… 헉! 체중계에 나타난 숫자가 너무 높거나 낮게 느껴져 충격을 받게 되지. 숫자를 보자마자 몸에 대한 만족감은 순식간에 사라지고, 그전에 세웠던 계획도 끝이 나. 집에만 있는 게 낫겠다 싶어 다 취소해 버리지.

보기에는 무해하고 작은 체중계에 나타난 숫자가 너에게 미치는 힘은 어마어마해. 너무할 정도로 빠르게 네 기분을 바꿔 놓지. 그래서 이제부터는 체중계에 찍힌 숫자가 의미 없는 이유에 대해 말하려고 해. 우선 몸무게는 여러 가지 요소에 따라 달라질 수 있어.

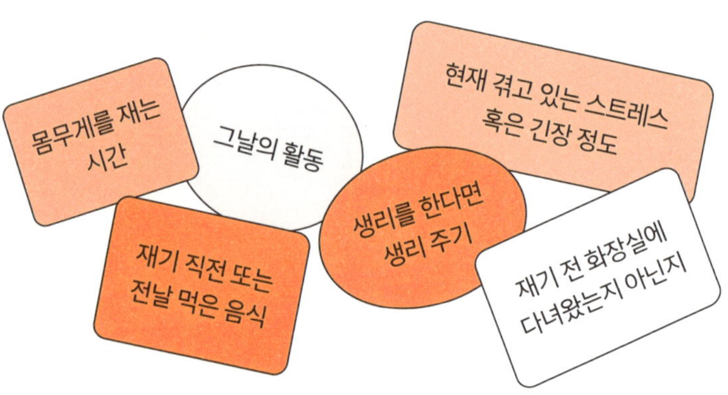

이렇듯 변수가 많다 보니 체중계가 가리키는 숫자를 너무 신경 쓰거나 건강 상태를 가늠하는 기준으로 삼아서는 절대 안 돼.

일상에서 일어나는 많은 일은 사실 네 손에서 벗어나 있어서 바꾸지 못할 수 있어. 신경 쓰이지만 어쩌지 못하는 일이 생기면, 네가 좌지우지할 수 있는 뭔가를 찾아서 통제감을 느끼려고 할 거야. 그 뭔가가 바로 네 몸이지.

이렇게 해서 통제감이 강화되고 마음이 편해지면 잠깐은 기분이 나아질 수 있어. 하지만 이건 표면적인 감정에 불과해. 어떤 음식을 먹고, 어떤 운동을 할지 아무리 통제하더라도 걱정은 사라지지 않을 테니까. 너에게 남는 건 결국 더 큰 스트레스와 답답함뿐이지.

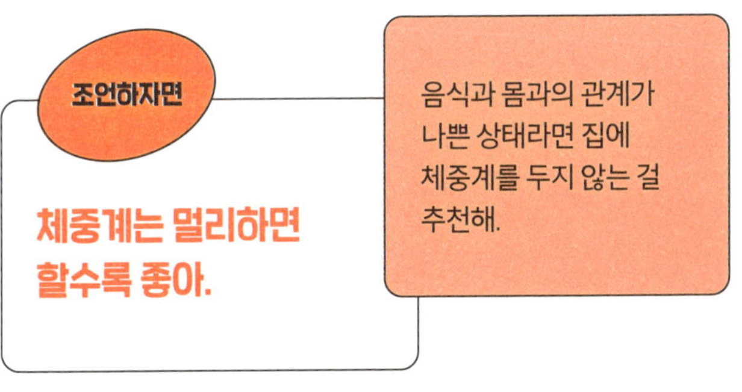

체중계
= 통제

다이어트에 딸려 오는 죄책감

불안감 외에도 죄책감은 식단 제한과 매우 밀접한 감정이야. 만약 누군가가 다이어트에 실패했다고 너를 꾸짖거나 주의를 줬다면, 그 사람이 전문가이든 가까운 사람이든 네 머릿속에 다이어트를 망치는 건 옳지 않다는 개념이 자리 잡게 되고, 그로 인해 다음과 같은 생각이 생겨날 수 있어.

먹으면 안 된다고 한 음식을 먹었을 때 죄책감 느끼기

사실 아무 일도 일어나지 않지만, 먹으면 안 된다고 믿고 있는 음식을 먹으면 규칙을 어긴 것 같은 기분이 들 거야.

몰래 먹기

너무 먹고 싶은데 다이어트에서 금지된 음식이라면 혼날까 봐 몰래 먹기 시작할 수 있어.

명심해.
뭐든 먹고 싶으면 먹어도 돼!

그렇다고 피자(또는 초콜릿이나 좋아하지만 금지된 음식이면 뭐든지)를 입에 달고 있으라는 말은 아니야.

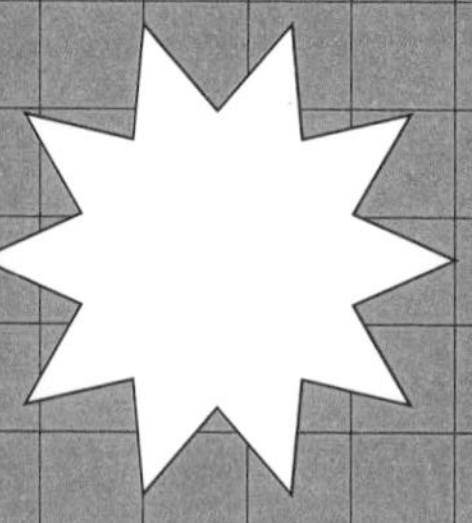

죄책감과 관련된 생각들
또 다이어트에 실패했어.
이 음식은 먹으면 안 돼.
내가 한 노력은 전부 소용없을 거야.
이런 식으로 하다간 식단 관리해 주는 선생님에게 혼날 거야.
돈 낭비했다고 부모님이 화내겠지?

네 몸은 똑똑해서 영양분을 섭취하려고 한다는 사실을 기억해. 그러니 너는 몸을 잘 훈련하기만 하면 돼.

스스로 매일 피자를 언제든지 먹을 수 있게 해 준다면, 몸은 네가 또 피자를 먹을 수 있다는 사실을 알고 더 이상 피자를 '갈망하는' 마음이 예전처럼 크지 않게 돼. 그러다 보면 점차 진짜 먹고 싶을 때만 마음 편히 피자를 먹을 수 있게 될 거야.

어떤 음식이든 먹었을 때 죄책감을 느끼거나,
금기를 깼으니 벌을 받아야 한다고
생각해서는 안 돼.

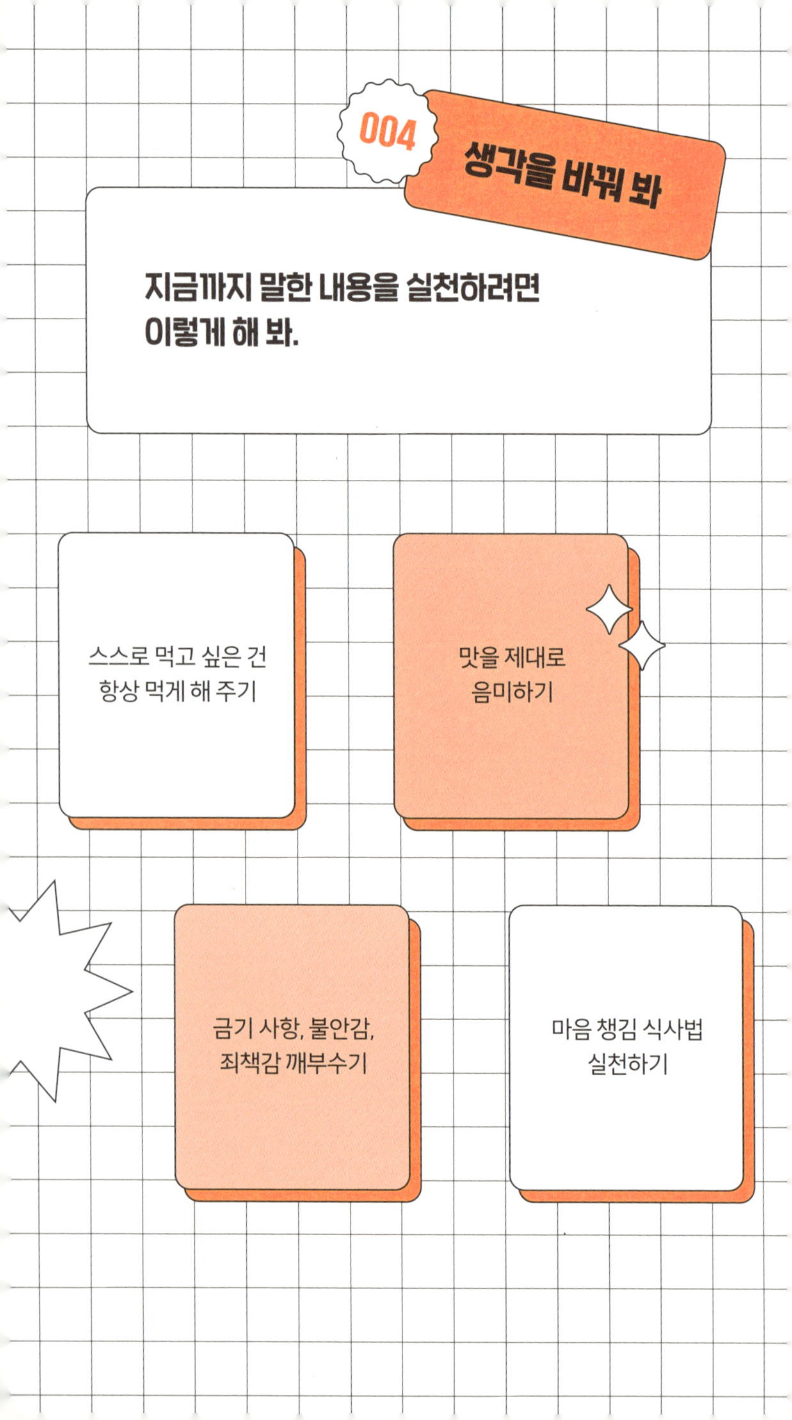
004
생각을 바꿔 봐
지금까지 말한 내용을 실천하려면
이렇게 해 봐.
스스로 먹고 싶은 건
항상 먹게 해 주기
맛을 제대로
음미하기
금기 사항, 불안감,
죄책감 깨부수기
마음 챙김 식사법
실천하기

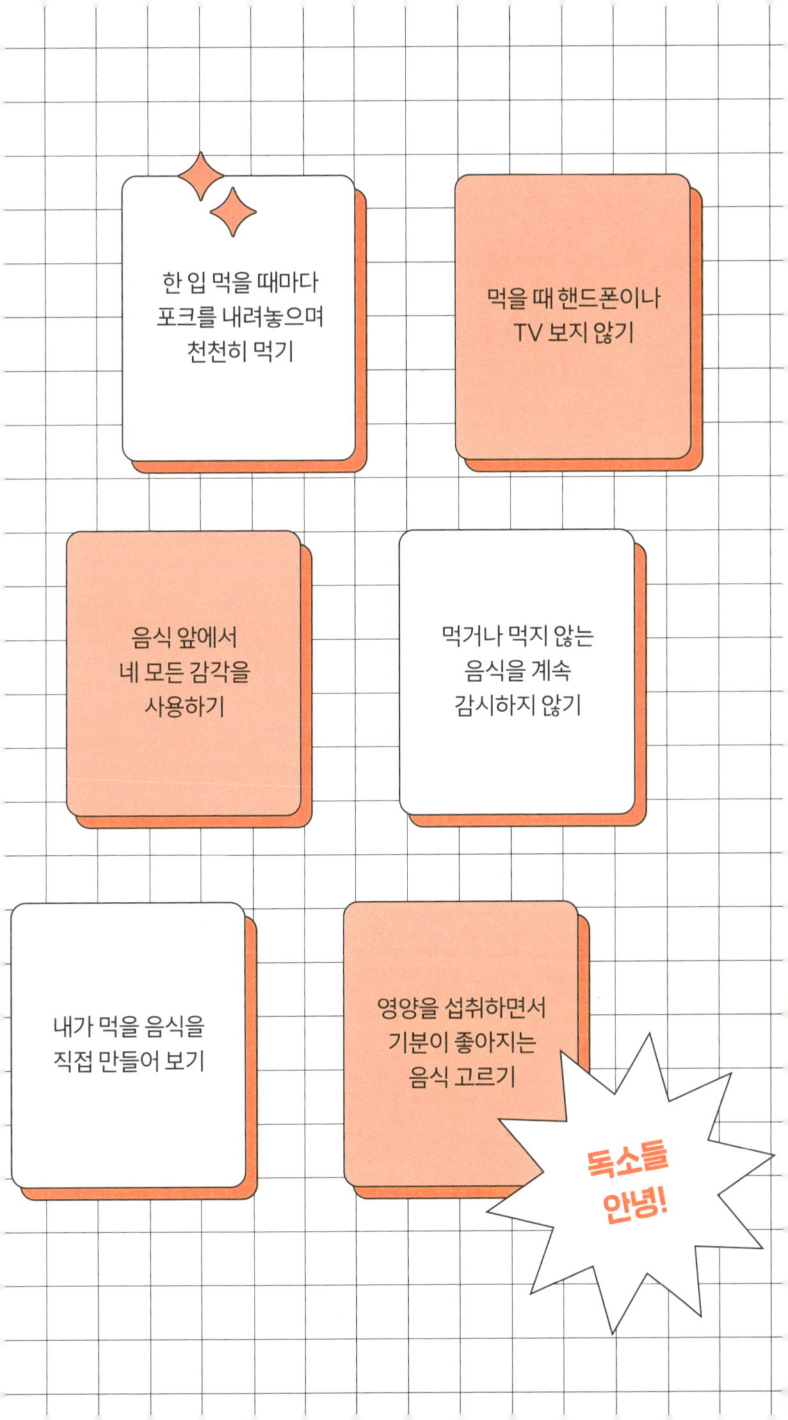
한 입 먹을 때마다
포크를 내려놓으며
천천히 먹기

먹을 때 핸드폰이나
TV 보지 않기

음식 앞에서
네 모든 감각을
사용하기

먹거나 먹지 않는
음식을 계속
감시하지 않기

내가 먹을 음식을
직접 만들어 보기

영양을 섭취하면서
기분이 좋아지는
음식 고르기

독소들
안녕!

6장

음식은 연료가
아니야

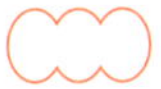

음식은 우리가 생각하는 것보다 더 많은 기능을 해. 우리는 영양분을 섭취하기 위해서만 음식을 먹는 게 아니야. 우리는 이럴 때도 먹어.

물론 다른 이유도 많아. 중요한 건 음식이 내 마음을 다스리는 여러 도구 중 하나이지 유일한 방법이 돼서는 안 된다는 거야.

단, 전제 조건이 있어. 너 자신을 챙기면서 음식을 감정 관리를 위한 유일한 수단으로 삼지 않아야 해.

기분이 좋아지거나, 진정되거나,
잘한 일을 기념하기 위해 쓰는 다른 방법이 있니?
만약 없다면 찾아야 해!

방법은 아주 많아. 춤추기, 책 읽기, 느끼는 감정을 글로 쓰기, 비디오 게임으로 시간 보내기, 산책하기, 영화 보기, 친구들과 대화하기 등등……. 만약 아무것도 너를 채워 주지도, 불쾌한 감정을 잠재우지도 못한다면 반드시 도움을 구하도록 해.

음식에 담긴 감정

음식을 아무 감정 없이 먹으려고 하지 마. 그건 불가능한 일이야. 감정은 항상 어떤 식으로든 존재하는 법이니까.

음식은 감정을 표현하고 처리하거나, 혹은
진정시키거나 숨기는 수단이 될 수 있어.

음식을 통해 기쁨, 편안함, 안정감, 즐거움 또는 교감을 느낄 수 있어. 참 멋진 일이지. 우리는 평생 음식을 감정의 통로로 사용해 오고 있고, 앞으로도 그럴 거야. 그렇지 않으면 정말 좋은 순간들을 놓칠 수 있거든.

음식을 먹으면 불쾌한 감정들로 인한 괴로움이나 불편함이 사그라져. 진짜 중요한 건 음식을 왜 먹고 있는지 잘 살피고, 네가 음식을 그 순간에 어떤 용도로 이용하고 있는지 인식한 뒤 지배적인 감정이 있는지 파악하는 거야. 주된 감정이 있다면, 그 감정에 공간을 줘야 해.

감정에 공간을 줌으로써 감정의 존재를 받아들일 수 있어. 감정과 싸우거나 감정이 곧장 사라지길 바라는 대신, 감정이 너에게 말하고 싶은 메시지를 들으며 함께하는 거지. 네가 그 감정을 잠재우려고 음식을 이용했다고 해도 괜찮아. 나름대로 그때 필요한 걸 채운 것이니까.

이제 스스로 이렇게 물어봐.
필요한 걸 채우기 위한 다른 방법은 없을까?
지금 이 질문에 답할 수 있다면,
아마 다음번에는
감정을 다스리기 더 쉬울 거야.

한번 해 봐

춤추기

감정을 밖으로 꺼내기 위한 좋은 방법은 몸을 통해 털어 내는 거야. 그냥 음악을 틀고(그때그때 기분에 따라 노래를 고르면 돼) 몸이 움직이게 둬 봐.
완벽한 동작을 하려고 하지 마. 핵심은 안무에 맞춰 춤을 추기보단 몸이 원하는 대로 움직이는 거니까.
몸으로 온갖 감정을 털어 낼 때 얼마나 큰 해방감을 느낄 수 있는지 알게 될 거야!

감정 표현하기

몸이 느끼는 대로 표출하게 내버려 둬. 울거나, 소리를 지르거나, 베개를 때리는 등 뭐든 해도 돼.

일기 쓰기

감정 일기에 현재 해결하고 싶은 마음의 문제를 적어 봐. 그 문제가 어떤 감정과 신체의 감각을 깨웠는지, 또 어떤 생각을 만들어 냈는지에 대해 적으면 돼.

지인에게 전화하기

전화를 걸었을 때 음식에 대해 구체적으로 이야기하지 않는 걸 추천해. 그렇지 않으면 전화를 끊고 나서도 계속 음식 생각이 맴돌게 되거든. 네가 필요한 걸 알리기 위한 수단으로 통화를 이용해서 상대방의 공감을 얻으면 돼. 통화가 끝나고 이제 신경이 다른 데 쏠려 마음이 차분해졌다면 성공이야. 그러려면 상대방에게 네 고민과 전혀 상관없는 주제에 관해 얘기해 달라고 부탁하는 게 좋아.

명상하기

긴장감이 심하거나 마음이 매우 불편하다면, 현재의 순간과 공간에 집중할 수 있는 명상이나 이완 운동이 도움이 될 수 있어. 인터넷이나 앱에서 다양한 명상 가이드와 이완 운동을 찾을 수 있을 거야!

음식은 기억이다

음식의 냄새를 맡거나 맛을 보면 어떤 순간과 추억이 자연스럽게 떠올라. 음식에 감정이 깃들어 있다고 볼 수 있지. 너도 특정 재료나 요리를 먹을 때 '할머니가 항상 해 주던 요리네', '학교 끝나고 먹던 간식이잖아', '찌개 냄새를 맡으니 시골 겨울이 떠오르는걸' 등의 생각을 할 거야.

우리가 음식을 찾게 되는 것도 바로 이런 이유에서야. 그리워하는 뭔가를 느끼고 싶어 하는 거지. 우리는 음식을 먹는 순간뿐만 아니라 그 전후에 느꼈던 감정을 기억한다는 사실을 명심해.

007

한번 해 봐

천천히 먹으면서 좋은 기억을 떠올려 보면 어떨까?

그러면 음식을 정신적으로 더 풍부하게 즐길 수 있을 거야.

이 연습을 너에게 금지된 음식 중 하나로 시도해 볼 수도 있어.

그 음식과 관련된 기억이 있어? 만약 부정적인 기억이라면, 그 음식에 대한 긍정적인 기억을 새로 만들어 봐. 그러면 다음에 그 음식을 먹을 때 기분 좋은 기억을 떠올릴 수 있을 거야.

식사 시간에만 쉰다면

매일 방과 후나 퇴근 후에 해야 할 일이 있으면 집에 와서도 숙제, 공부, 집안일 등등 해야 할 일이 산더미일 거야. 그럼 언제 쉴 수 있을까?

부모님이 항상 뭔가를 하고 계시니? 회사에서도 바쁜데 집에 와서도 계속 뭔가를 하셔?

만약 그렇다면 조심해! 은연중에 너도 늘 뭔가를 해야 한다고 학습했을 가능성이 있거든. 그렇지 않으면 시간을 낭비한다고 생각하는 거지. 이런 생각 뒤에는 자기 압박이 자리 잡고 있어. 자기 압박은 독성이 매우 강해. 멈추는 일을 스스로 금지하거나 멈추면 벌을 받는다고 생각하게 되거든.

그렇다고 집에서 전혀 아무것도 하지 말라는 말이 아니야. 가끔 멈추는 건 필요하고, 기분도 나아지는 일을 하라는 거지. 네 몸은 실제로 휴식 시간을 원해. 그래서 네가 직접적으로 쉴 시간을 주지 못한다면 음식이 그 역할을 대신할 수 있어. 식사 시간을 핑계로 잠시 쉴 수 있으니까. 너는 언제든지 필요할 때 멈추고, 쉬고, 에너지를 회복할 권리가 있어.

이제 휴식의 중요성을 알았으니,
정신없는 하루 속에서 네가 혹시 음식을 쉬기 위한
수단으로 쓰고 있지는 않은지 잘 살펴봐. 만약 그렇다면,
'음식 없이 그냥 쉬면 어떨까?'라는 질문을 던져 봐.
'시간을 낭비하고 있다'며 누가 너에게 화내는 모습이
먼저 연상된다면, 휴식에 대해 너는 어떻게 생각하는지
곰곰이 생각해 봐. 다른 사람이 아닌 네 시선으로 자신의
행동을 바라보는 거야.

**너의 하루 중 휴식만을 위한 시간을
계획해 봐. 어떨 거 같아?**

음식을 진정제로 삼는다면

음식은 긴장, 스트레스, 불안 또는 불편한 순간에 마음을 진정시키는 힘이 있어. 많은 사람이 음식을 찾는 이유지. 먹는 동안에는 걱정은 뒤로 밀려나고, 잠시나마 모든 일이 '쉬워진' 기분이 들기도 해.

상상해 봐.

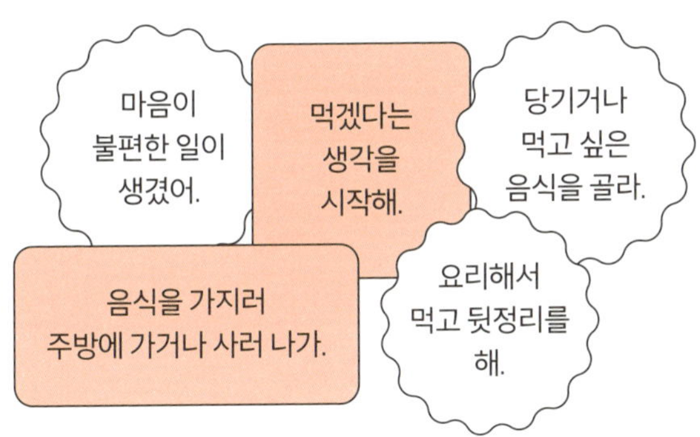

이 과정에서 네 마음을 불편하게 한 내면과 외부의 일이 잊혔을 수 있어.

하지만 식사를 마치고 나면 현실로 돌아가서 음식을 먹기 전의 감정을 다시 느낄 수 있어. 그렇다면 음식으로 해결하려고 한 전략이 충분히 효과적이지는 않았던 거야. 그렇지 않아?

마음이 편해지기 위한 다른 방법을 찾는 대신 평생 약만 처방받아 먹는다면 바람직하지 않겠지? 음식을 마음의 평화와 안정을 위한 유일한 수단으로 사용하는 것도 마찬가지야.

너에게 평온함과 안정감을 주고, 기분을 좋게 해 주는데 언제든지 접근할 수 있는 활동, 물건, 장소 또는 사람들이 있다면 목록을 만들어 봐.

다 만들었으면 아래 방식으로 분류해 봐.

**네 가지 색상의 종이를 준비하고 작게 잘라.
각 색은 위에서 분류한 카테고리를 나타내.
종이에 카테고리별로 고른 활동을 적어 봐.**

모든 종이에 다 적었으면,
색깔별로 다른 통에 넣어.

아니면 종이 전부를 하나의
통에 넣어도 돼.

마음이 불안하거나 불편해서 음식을
찾게 될 때, 통을 꺼내서 지금 상황에
쓸 수 있을 것 같은 색상의 종이를
하나 뽑아 봐. 집인지 밖인지, 혹은
혼자인지 누구와 있는지에 따라
골라 봐.

종이에 적혀 있는 방법을
음식 대신 시도해 볼 수
있겠어?

7장

섭식 장애까진
아니라고?

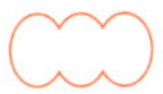

지금까지 내가 말한 걸 바탕으로, 이제 다이어트를 했을 때 살만 빠지는 게 아니라는 사실을 알 거야(물론 살을 빼는 것도 늘 가능한 일은 아니지만).

다이어트로 많은 걸 얻기를 기대하지. 그런데 다이어트로 얻는 결과 중 좋은 건 하나도 없어.

다이어트는 음식과 몸과의 관계를 나쁘게 만드는 주요 원인 중 하나야. 실제로 섭식 장애가 있는 사람들 대부분 살면서 한번은 다이어트를 해 본 적이 있을 거야. 이 경우 음식은 섭식 문제를 지속시키는 강력한 요인으로 작용해. 그렇게 되길 바라는 건 아니지?

너 자신과 음식의 나쁜 관계

주변에 섭식 장애가 있는 사람이 있을 때만 경각심을 가져서는 안 돼. 섭식 장애로 불리지는 않지만, 일반화되거나 유행처럼 퍼진 위험한 행동이 많아. 물론 이런 행동은 정상적이지 않아. 어떤 행동이 위험한지 소개할게.

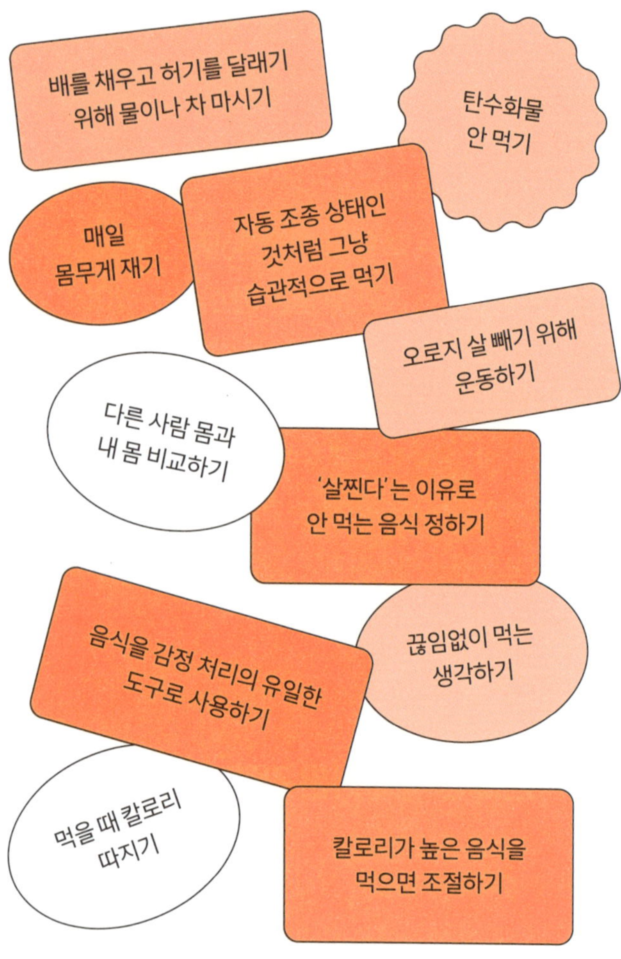

앞서 말한 행동은 개별적으로는 섭식 장애로 정의할 수 없겠지만, 시간이 지나도 지속될 때 섭식 장애로 이어질 수 있는 위험한 행동이야. 게다가 이 위험 행동으로 여러 가지 불편함이 생기기도 해.

몸에 다시 신경이 쏠리게 만들고, 음식을 즐기지 못하게 돼. 또 '규범에서 벗어나지' 않으려는 압박을 계속해서 받다 보니 편하게 지내지 못해. 이런 행동은 자기 압박과 완벽주의를 일으키고 큰 좌절감의 원인이 되기도 해. 네 몸의 신호를 놓치게 되다 보니 너 자신과의 연결 고리도 끊어져 버리지.

섭식 장애는 가벼운 문제가 아니야

섭식 장애는 정신 장애이기 때문에 매우 심각한 문제야. 섭식 장애가 있는 사람은 마음이 너무 불편해 스스로 조절이 안 되는 일이나 감정을 처리할 유일한 방법을 음식과 몸에서 찾게 돼. 아무도 가르쳐 준 적이 없어서 다른 방법을 모르는 거지.

음식은 고통에서 벗어날 탈출구가 되고, 트라우마가 있는 상황을 견딜 수 있게 돕거나, 잠시나마 외부에서 일어나고 있는 일을 잊게 만들어.

물론 음식 말고도 다른 방법이 있겠지만 섭식 장애가 있는 사람은 알지 못해. 그렇다 보니 섭식 장애가 그 사람에게 일종의 동맹이 된 거야. 그런데 바로 여기에 문제가 있어. 이런 사람은 지금 당장 음식을 먹거나 먹지 않으면 현재의 괴로움을 버틸 수 없을 거라 믿기 때문에 음식에 집착하게 되거든.

섭식 장애가 있는 사람의 행동은 음식이나 몸과 직접적으로 관련되어 있지만, 그 이면에는 훨씬 더 많은 문제가 숨어 있어. 항해하다 빙산을 맞닥뜨린 배가 있다고 해 보자. 만약 빙산의 일각만 보면 배는 그 부분만 피해 갈 수 있을 거야. 하지만 아래에 숨겨진 빙산이 너무 크기 때문에 결국 배의 선체는 빙산과 충돌하게 될 거야. 반대로, 배가 바다 아래에 숨겨진 부분까지 감지한다면 더 안전하게 피할 수 있겠지.

겉으로
드러나는 문제

과도한 운동

폭식

구토

식단 제한

변비약 복용

겉으로 드러나지
않은 문제

왕따나 거부당한 경험

압박과 완벽주의가
심한 가정 환경

부모의 이혼

성적 학대
피해

신체적 또는
정서적 학대

의존적이거나
독이 되는 관계

주변에 함께해 준 사람이
없거나 정서적 공감을
받지 못한 경우

불안정한 가족 관계

섭식 장애도 마찬가지야.
보이는 부분에만 초점을 맞추다 보면,
그 아래 숨겨진 다른 문제는 그대로일 거야.
섭식 장애 증상도 언젠가는 크게 나타날 거고.

그러면 어떻게 해야 할까? 네가 불편하게 느끼는, 혹은 느꼈던 일의 본질을 보려고 해야 해.

증상을 보면 문제를 알 수 있어

섭식 장애 증상이 그냥 나타나는 게 아니라는 사실, 이제 알겠지? 섭식 장애 증상은 보기보다 훨씬 더 깊은 불편함의 표현이라서 신경을 써야 해. 증상이 나타났다고 자신을 자책하거나 비난하게 되면 섭식 장애와의 싸움에서 금방 지치게 될 거야.

지금은 자기 연민을 실천할 가장 좋은 때야. 그러니까, 이유가 있어서 나타난 증상이라고 이해하며 받아들이라는 거야. 그 이유가 해결되지 않는 한, 섭식 장애 증상에서 벗어나기 정말 어려울 거야.

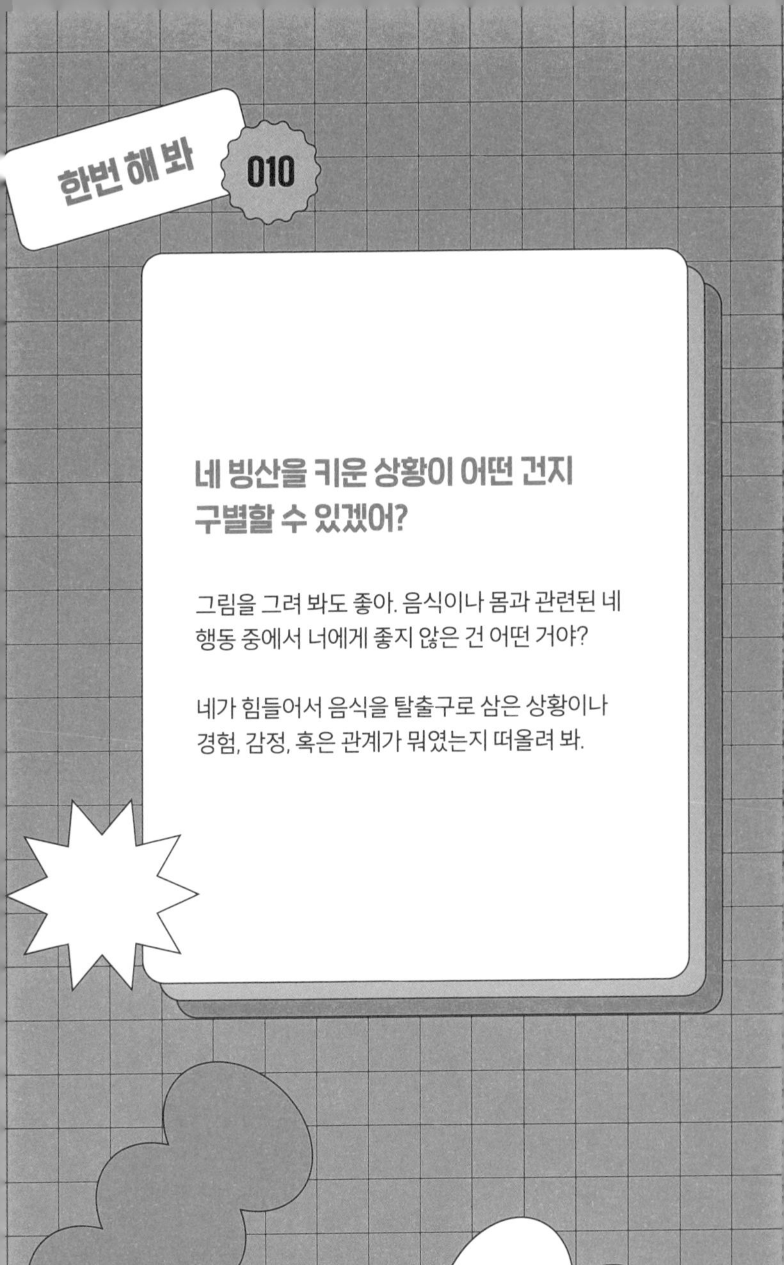

네 빙산을 키운 상황이 어떤 건지
구별할 수 있겠어?

그림을 그려 봐도 좋아. 음식이나 몸과 관련된 네
행동 중에서 너에게 좋지 않은 건 어떤 거야?

네가 힘들어서 음식을 탈출구로 삼은 상황이나
경험, 감정, 혹은 관계가 뭐였는지 떠올려 봐.

몸은 네가 힘들거나 고통스러운 상황에 놓이게 되면
거기서 너를 보호하기 위해 방어 기제를 발동하게 돼.
그런데 방어 기제는 당장 고통을 피하게 해 줄 뿐,
길게 봐서는 해결책이 되지 못해.

**고통을 극복하는 길을 지나려면 침착한
마음으로 아주 천천히 자기 이해와 학습을
해야 해. 그래야만 네가 겪는 증상이 뭘
의미하는지 이해하고 증상이 사라지게
할 수 있을 거야.**

방어 기제를 한 번에 없앨 수는 없어.
그랬다간 무방비 상태로 길에 서 있는
셈이 될 테니까.

그래서 네가 감당할 수 있는 속도로 조금씩 없애야 해.
너만의 안전지대에서 조금 벗어나 보는 거지. 그렇지
않으면 아무런 변화가 없을 거야. 처음에는 조금 불편하게
느껴지겠지만 그건 정상적인 반응이야.

가령 집에서 부모님과 다툴 때마다 뭔가를 먹어야 한다면,
집에 누가 있을 때 마음을 진정시키기 위해 할 수 있는
활동을 적은 색종이를 꺼내 봐. 기계적으로 음식만 찾지
말고.

그런 활동 중 하나로 방에서 음악을 틀고 춤을 출 수 있어.
이 방법이 효과가 없다면 음식을 선택해도 돼.
이때 죄책감이나 불안감이 들지 않도록 좀 더 현재의
순간에 집중하고, 의식적으로 먹도록 해 봐.

이런 단계를 하나하나 밟아 가면서 힘든 감정을 하나씩
넘기기 시작하면, 각 감정이 전하려고 하는 메시지와
음식의 역할을 깨닫게 될 거야.

**증상은 네가 느끼는 불편함을 전하는
메신저와 같아. 증상이 나타났다면 너를
힘들게 하는 뭔가가 있다는 뜻이야.
그러니 증상을 잘 살펴야 해.**

아무도 말해 주지 않은 사실

길거리에서 섭식 장애에 대해 어떻게 생각하냐고 물어보
면 아마 이렇게 대답할 거야.

이런 대답은 섭식 장애에 대한
흔한 뜬소문 중 일부야.

여자만 겪는 문제 같지만
섭식 장애가 있는 남자도 당연히 있어.

비만인데 거식증을 겪는 사람도 있어.

섭식 장애는 미적인 문제가 아니라
심각한 정신 장애야.

섭식 장애는 성별, 체형, 체중, 몸매 등과
상관없이 누구나 겪을 수 있는 문제야.

음식으로 엉뚱한 짓을 하는 게 아니라,
감추고 싶거나 표현할 수 없는 고통스러운
감정을 진정하는 방법으로
음식을 이용하는 거야.

음식에 대한 집착이라기보단,
힘든 문제에서 눈을 돌릴 수 있게
음식에 신경을 집중하는 거야.

8장

몸과 음식 생각
잠깐 멈추기

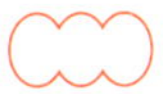

중요한 건 몸이나 음식이 아니라 감정의 경험이라는 사실을 너도 이제 알 거야.

음식은 여러 걱정이 투영되는 통로와 같아. 머리 위에 커다란 먹구름이 있다고 상상해 봐. 고개를 들면 죄다 까맣게 보일 거야. 그 자리에 가만히 있으면 비가 내리기 시작할 때 젖게 되겠지. 그런데 수평선을 바라보면, 폭우를 피하는 길을 알 수 있는 힌트를 얻을지도 몰라.

음식도 마찬가지야. 음식에만 온 신경을 쏟으면 결국 힘든 시간을 보내게 될 거야. 하지만 관심을 다른 곳으로 돌리면 고민을 해결할 실마리를 잡을 수도 있어. 문제는 다른 방향을 바라보고, 대안을 찾으려는 노력이 때때로 고통스럽다는 거야. 그 과정에서 너는 아마 괴로운 감정을 느끼고 싶지 않거나 불편함을 피하고 싶을 수도 있어. 싫은 감정을 마주하면 계속 힘들 수도 있다는 두려움이 느껴지기도 할 거야.

부정하지 않을게. 아플 거야.
어쩔 수 없어. 하지만 분명한 건……
반드시 괜찮아진다는 거야.

섭식 장애에 담긴 상징

섭식 장애는 겉으로 드러나는 행동처럼 보이지만, 그 안에는 상징적인 이유가 숨어 있어.

지금 네가 음식과 관련해 겪고 있는 어려움도
그냥 우연히 생긴 게 아니야.
그 속에 담긴 진짜 마음을 이해하는 데
도움이 될 만한 이야기를 함께 살펴보자.

폭식

아마 상처받았지만 말로 표현할 수 없는 뭔가를 속으로 '삼키고' 있을 수 있어. 아니면 뭘 말하고 싶은지는 알지만, 다른 사람에게 상처를 주고 싶지 않아서 표현하지 않을 수도 있을 거야.

폭식은 정서적 공허함을 달래는 방법이기도 해. 다른 방법을 몰라서 배를 채우는 것으로 달래는 식이지.

구토

구토는 네가 말로 표현할 수 없었던 모든 걸 '배출'하는 방식이 될 수 있어.

식단 제한

식단 제한은 네가 다스리지 못해 음식으로 표출한 분노나 욕구 불만일 수 있어. 다른 사람들이 어떻게 반응할지 두려워서 네 감정을 어떻게 분노로 표출할지 몰랐을 수도 있고. 식단 제한은 자기 자신이나 타인에게 벌을 주는 수단이 될 수도 있어.

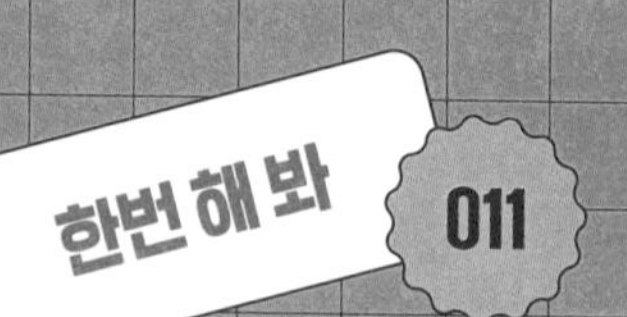

자신의 해로운 식습관이 뭔지 잘 살펴보고
아래 질문에 대답해 봐.

**이제는 말로 꺼내야 할 무언가가
있지 않아?**

너 혼자 꾹 참고 있어서 힘든 거 아냐?

마음속으로 받아들여지지 않는 게 뭐야?

왜 너 자신에게 벌을 주고 싶어 해?

몸과 음식에 집중하느라 보지 못하는 것

음식이 네가 불쾌하게 느끼는 감정을 가리고 있다는 거, 이제 알겠지? 그런데 이것도 아는지 잘 모르겠네. 바로 음식과의 관계를 고쳐야 하는 사람이 정말로 개선해야 하는 건 음식이 아닌 다른 여러 관계라는 사실 말이야. 그중 가장 중요한 건 자기 자신과의 관계이고, 그다음은 가장 가까운 이들과의 관계야.

음식과 더 나은 관계를 형성하려면 사회성, 애정, 휴식, 학업 등 다른 중요한 부분을 잘 채워야 해. 이 부분들이 채워지면, 쉴 새 없이 허기를 달래야 할 필요성을 더 이상 느끼지 않을 거야. 그런데 음식이 아닌 영역을 강화하려면 스스로 더 신경 쓰고 노력해야 할 뿐만 아니라, 다른 사람이나 전문가의 도움이 필요하기도 해. 예를 들어,

외로움을 풀기 위해 먹는 대신
사람을 만나는 방법을 고민해 보는 거야.

그렇게 생각을 바꾸면 내가 할 수 있는 일에 집중하게 돼. 처음에는 힘들겠지만, 직접 행동에 옮기고 있는 자기 모습

에 보람을 느끼게 될 거야. 행동한다는 건 네 감정을 밖으로 내보이고, 감정에 공간을 주는 것과 같아. 아무리 숨기거나 묻어 두고 덮으려 해도 감정은 사라지지 않기 때문에 결국에는 드러나게 돼. 음식이 네 안에서 일어나고 있는 일을 가리게 해서는 안 돼. 속에 담아 둔 마음이 밖으로 나와 숨 쉬게 해 줘.

좋지 않은 감정이 느껴진다면 그 감정이 어떤 건지 파악하고 가능하다면 원인도 찾아봐. 그런 뒤 감정이 밖으로 나올 수 있게 해 봐. 울거나, 웃거나, 화내거나, 소리를 질러도 돼.

네가 느끼는 감정을 깊게 생각하지 말고 있는 그대로 일기에 써 봐. 다른 사람과 네 감정을 나누거나 네가 좋아하는 활동 중 불쾌한 감정에서 신경을 돌릴 수 있는 걸 찾아봐.

이렇게 해 보면 감정을 마음껏 느낄 수 있게 되고, 불쾌한 기분이 조금 나아질 거야. 결국 더는 음식에서 해결책이나 탈출구를 찾을 필요가 없게 될 거야.

감정 일기 쓰기

노트를 하나 꺼내서 침대 옆에 두고 매일 조금씩 써 봐. 오늘 하루 어땠는지, 신경 쓰이는 일은 없는지, 특별한 일은 없었는지 등 아무거나 써 보는 거야. 150쪽에 감정 일기를 시작할 때 도움이 될 만한 질문이 담겨 있으니 참고해.

감정 표현하기

모두에게 네 감정을 드러낼 필요는 없어. 너를 평가하지 않을 믿을 만한 사람을 골라서 네 진짜 기분을 말해 봐.

거울에 속지 마

오늘은 정말 좋은 하루라고 상상해 봐. 기분도 좋고 거울에 비친 네 모습도 마음에 들지. 좋아하는 스웨터를 입어서 기분도 최고야.

그런데 내일은 최악일 수 있어. 기분을 엉망으로 만든 일이 생긴 거지. 거울을 봤더니 네가 정말 못생겨 보이고, 어제와 같은 스웨터를 입었지만, 전혀 어울리는 것 같지 않아.

대체 어떻게 된 걸까? 몸이 하루 만에 변해서 거울 속 모습까지 달라진 걸까? 아니, 그건 불가능해.

거울에 비치는 건 네 모습이 아니라 네 감정이기 때문이야. 기분이 좋을 때는 그렇지 않을 때보다 거울 속 네 모습이 더 근사해 보일 거야. 그러니 거울에 비친 모습에 속지 않도록!

거울은 뭔가 좋지 않다는 신호를 너에게 보내고 있는 거야. 몸이 좋지 않은 게 아니라 네 안에 있는 거, 바로 네 감정 말이지.

내면을 들여다보는 건 외면보다 어려워. 겉으로 보이는 외면은 바꾸기 쉽지만, 내면은 그렇지 않아.

피해야 할 사고의 흐름이야.

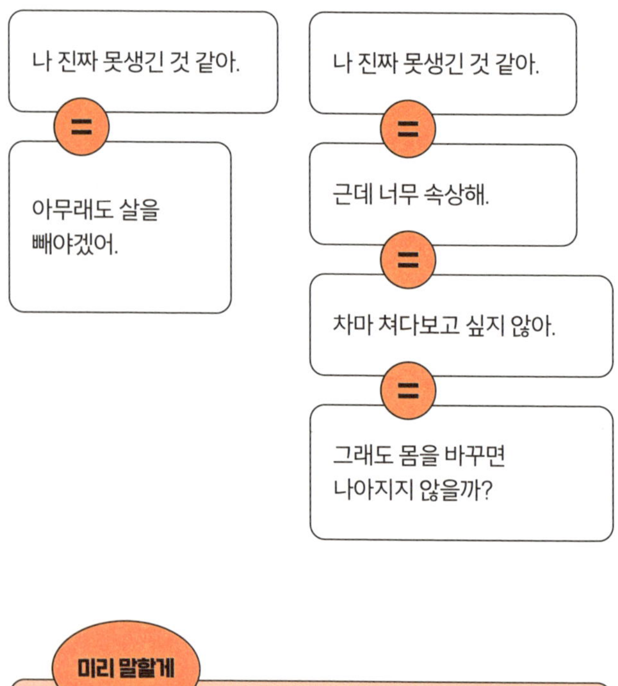

미리 말할게

마음이 편하지 않다면 아무리 몸을 바꿔도 자기 자신이 못나 보일 거야.

메모지 몇 장을 준비해서 며칠 동안 거울을 볼 때마다
메모지에 각각 네 몸과 성격에 대한 좋은 말을 써 봐.
마치 거울이 너에게 하는 말처럼 말이야. 그런 뒤
메모지를 거울에 붙여 놔.

**가령,
"눈이 참 예쁘구나!" 혹은
"공감을 잘하는 네가 좋아."
등의 말을 적는 거야.**

이 연습을 통해서 너는 자신과 대화를 더 잘하는 법을
배우고, 네 감정이 언제 거울에 투영되는지 알 수 있을
거야.

만약 어제 메모지에 쓴 네 모습이 오늘 거울에서 보이지
않는다면 오늘 기분이 그다지 좋지 않다는 의미일 수
있어. 네 눈과 공감 능력은 어제와 다름없으니까.

9장

내 몸 받아들이기

몸에서 신경 쓰이는 부분이 있으면 거울을 볼 때마다 그 부분만 자꾸 뜯어보게 돼. 마치 한 부분이 네 몸의 전부인 것처럼 말이야. 하지만 그렇지 않아.

네 몸은 여러 부분과 각 기능의 집합체야

자기 몸을 받아들이라고 해서 몸의 모든 부분을 다 좋아하라는 게 아니라, 마음에 드는 부분과 그렇지 않은 부분을 다 존중하자는 거야.

그러려면 몸을 전체로 바라보는 게 중요해.
몸을 하나의 집합체로 보면
그다지 마음에 들지 않는 부분이
대수롭지 않게 느껴지거든.

맞아. 이건 전혀 쉬운 일이 아니야. 특히 네 몸이 사랑받을 자격이 없고 별로이니 변해야 한다고 줄곧 생각해 왔다면, 혹은 누군가 네 몸을 조롱거리로 삼았다면 더욱 그럴 거야. 지금 당장 네 몸에서 마음에 드는 부분이 하나도 없다면, 몸이 너를 위해 수행하는 기능이 얼마나 소중한지 떠올려 봐.

자기 몸이 마음에 들지 않는다는 마음도 조금씩 달라질 거야. 그러니 서두르지 마. 그 과정에서 분노, 슬픔, 자기 비하, 죄책감 등의 감정이 드는 순간도 있겠지만, 모두 네가 네 몸으로 말미암아 겪어 온 감정을 보여 주는 거야. 여기서 분명히 알아야 할 사실은 네 몸은 곧 네 집이고, 항상 네 곁에 있다는 거야. 그러니 몸과 함께하는 연습을 해. 시간이 지나면서 더 너그러운 마음으로 대할 수 있게 될 거야.

거울을 보는데 불쾌한 감정이 든다면 그 감정을 중립적인 메시지로 바꿔 봐. 잘 안 되는데 억지로 긍정적인 생각을 하려고 노력할 필요는 없어.

예를 들어

"내 다리 진짜 마음에 안 들어." 대신,
"내 다리 덕분에 가고 싶은 곳에 모두
갈 수 있었네."라고 말해 보는 거야.

자기 자신에게
너그러워지는 법을
모르겠다면, 아래
방법을 시도해 봐.

나에게 편한 옷 사기.
매장마다 사이즈 표시가 다를
수 있으니 사이즈는 신경 쓰지
말고.

매장에 맞는 옷이 없다면
다양한 사이즈가 있는
온라인에서 쇼핑하면 돼.

안 입는 옷은 기부하기.
'언젠가는 입겠지' 하며
옷장에 보관만 하면
마음이 불편하고, 괜한
좌절감이나 압박감이
들 수 있거든.

보습 크림을 몸에
천천히 바르고 구석구석
마사지하며 돌봐 줘.

스스로 금지했던 음식을 조금씩
먹어 봐. 그래도 세상이 끝나지 않고,
그 음식을 먹는다고 사람들이 너를
싫어하게 되지도 않는다는 사실을
깨닫게 될 거야.

스스로 비교하게
되거나 몸이나
음식에 대해 독이
되는 메시지가
담긴 SNS 계정은
전부 삭제해.

누가 다른 사람의 몸에 대해
언급하면 그 얘기는 그만하자고
말해 봐. 이렇게 하면 비교하는 일이
줄어들 거야. 물론 네가 다른 사람의
몸을 평가해서도 안 되고.

거울을 보는데 콤플렉스가 있는
부분으로 눈이 간다면, 시선을
거두고 자기 자신을 전체적으로
보려고 해 봐.

거울 속에 비친 모습대로 몸의 실루엣을 그려 봐.

네가 콤플렉스를 느끼는 부위를 찾아 표시해. 그런 뒤 감정을 표시하며 몸을 색칠해. 각 감정이 느껴지는 위치에 해당 감정에 어울린다고 생각하는 색과 모양으로 그려 보는 거야.

1 분노를 느끼는 부위는 어디야? 어떤 형태와 색으로 그렸어?

2 슬픔을 느끼는 부위는? 형태와 색은 어때?

3 기쁨을 느끼는 부위는 어디야? 형태와 색은?

4 두려움을 느끼는 부위와 두려움을 표현한 형태와 색은?

네 몸에서 큰 비중을 차지하는 또 다른 감정이 있어?

감정을 구별하기 어려울까 봐 151쪽에 여러 감정의 개념을 이해하고, 구별하고, 다룰 수 있는 감정 사용 설명서를 넣어 놨어.

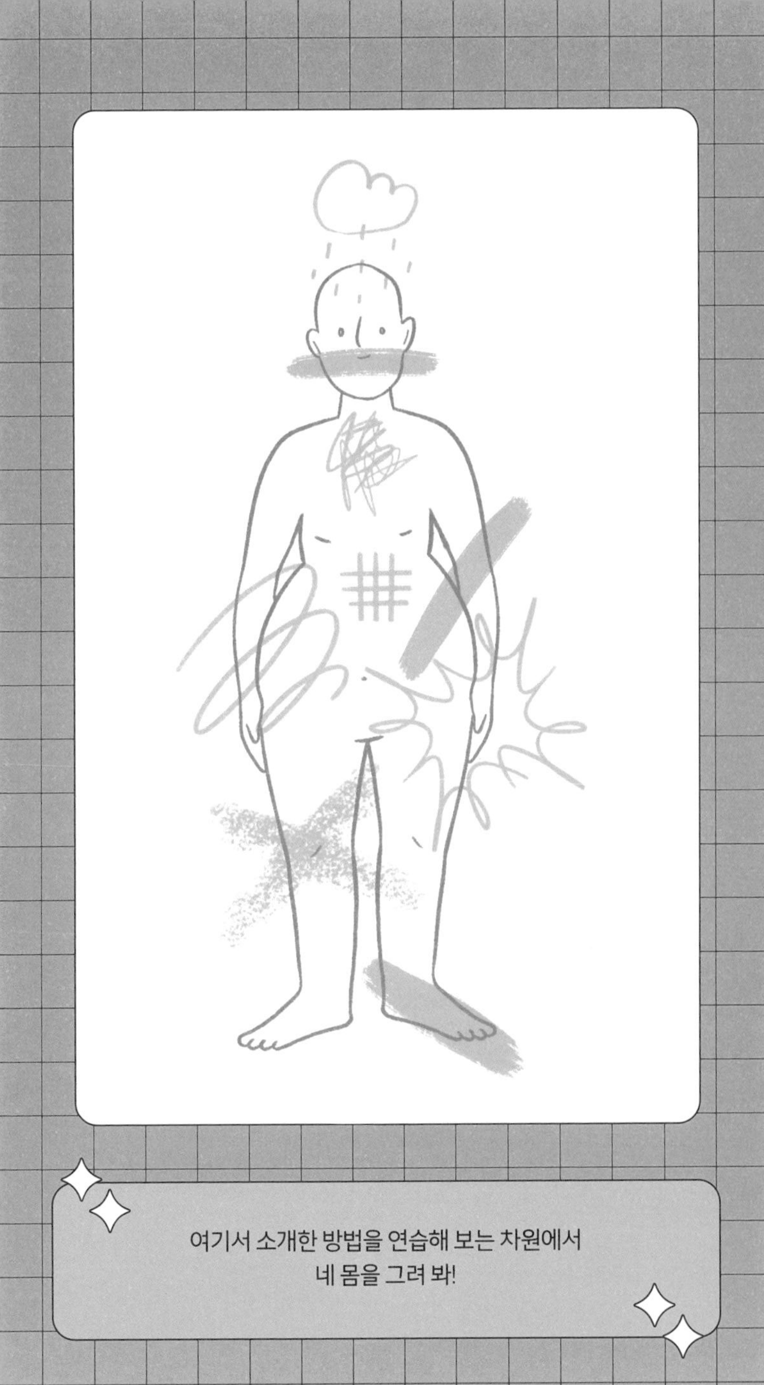

여기서 소개한 방법을 연습해 보는 차원에서
네 몸을 그려 봐!

10장

용기 있게
손 내밀기

기분이 안 좋을 때는 마음속에서 떠오르는 감정을 무시하고 싶다는 생각이 들 수 있어. 아마 아래와 같은 생각을 한 적이 있을 거야.

'에이, 별거 아냐.'
'내가 알아서 하지 뭐. 누굴 귀찮게 하고 싶진 않아.'
'내가 항상 똑같은 얘기만 한다고 생각하겠지?'

이런 생각을 하다 보면 도움을 요청하는 일이 너무 어렵게 돼. 뭐든지 스스로 해결할 수 있어야 하고, 도움을 구하는 건 약해 빠진 일이라는 생각을 자신에게 주입하기도 해. 제발 이러지 말자고!

일단 도움을 구하기도 어려울 정도로 힘들어질 때까지 기다려서는 안 돼. 감정을 오랫동안 묵혀 두면 쌓이니까 일이 훨씬 더 복잡해질 수 있거든. 사실 상태가 어느 정도 괜찮을 때가 도움을 청하기 가장 좋은 때야. 변화에 더 잘 적응할 수 있는 시기이기 때문이지.

혼자 모든
걸 감당하지
않아도 완전
괜찮아!

자신이 할 수 있는 모든 방법을 다 써 버릴 때까지 기다려 서도 안 돼. 도움을 요청하면 오히려 시간과 에너지를 많이 절약할 수 있어.

끝으로, 도움을 요청하기 위해 어떤 진단이나 평가를 받을 필요가 없어. 마음의 불편함이 감지되면 언제든 해결하려고 해야 해.

지금 겪고 있는 상황이 너무 버겁게 느껴질 때
우리 모두 도움을 받고
누군가와 함께할 자격이 있어.

다른 사람이 해 줄 때까지 기다리지 말고 네가 먼저 정확한 지침을 줘!

만약 도움을 요청했는데 사람들이 네가 원하는 대로 반응하지 않으면, 구체적으로 어떻게 해야 하는지 말해 줘. 남이 네 마음을 읽는 점쟁이는 아니니까. 네가 생각한 반응과 다르면 실망할 때도 있는데, 바로 상대에게 가지게 되는 기대 때문이야. 물론 기대하는 건 완전 정상이야. 인간 관계는 결국 주고받는 거니까. 그러다 보니 남에게 내가 받고 싶은 바를 기대하게 되는 거지. 다만 기대치가 너무 높으면 현실과 충돌할 수 있어.

다른 사람과 뭔가를 나누기 전에 먼저 자신에게 물어봐. '나는 어떤 마음으로 이야기를 나누고 싶은 걸까?', '내가 원하는 반응은 뭐지?', '이 사람이 내가 원하는 대로 반응할까?' 등등. 그런 다음 말을 꺼내도 늦지 않아.

아마 네가 원하는 말은 이런 거겠지?

"그냥 내 얘기를 들어 주면 좋겠어."
"내게 조언해 줬으면 해."
"날 안아 주면 좋겠어."
"네 생각이 궁금해."

144

심리 치료를 받는 동안은
너 자신이 될 수 있어

도움을 요청하는 건 결코 쉬운 일이 아니야. 네가 힘든 시간을 보내고 있다고, 음식이나 몸과 관련해 어려움이 있다고, 그리고 치료를 시작하고 싶다고 확실히 표현하려면 안전한 환경이 필요해. 아마 집에서 부모님이 이런 말을 하는 걸 들어 본 적이 있을 거야.

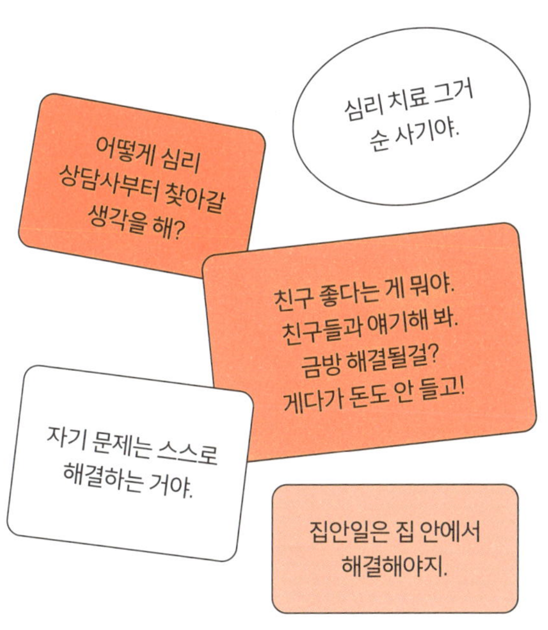

만약 집에서 가족끼리 감정에 관한 이야기를 나누지 않고, 기분을 표현한 적이 없거나 모든 대화가 피상적이고 깊이가 없다면, 어느 정도 외로움을 느끼고 있을 거야. 그래서 네 감정을 다스리는 방식을 찾아 음식으로 도피하거나 몸에 대한 부정적인 생각을 키워 왔을 수 있어. 이 경우 너에게 맞는 방식으로 널 지지하고 함께해 줄 사람이나 전문 심리 상담사가 필요할 수 있어.

심리 치료는 네가 너 자신이 될 수 있는
안전하고 편견 없는 방법이야.

심리 치료를 시작하고 싶다면,
이런 문장이 도움이 될 거야.

요즘 들어
상태가 안 좋은데
아무래도 도움이
필요할 거 같아요.

생각해 봤는데
심리 치료를 통해
제 감정을 조절하는 법을
배우고 싶어요.

심리 치료를 받아 보고 싶어요.
큰 도움이 될 거 같거든요.

제가 보니까 음식에 감정을 쏟아붓더라고요.
전문가와 한번 상담하고 싶어요.

감정 일기

심리 치료의 하나로 글쓰기를 시작하고 싶은데 막막하다면 몇 가지 도움이 될 만한 팁을 줄게.

우선, 모든 습관이 그렇듯이 적어도 초반에는 자주 써야 글쓰기에 적응할 수 있어. 자기 전에 쓰는 걸 추천해. 그래야 그날 있었던 일을 모두 털어 낼 수 있거든. 실제 일어난 일만 객관적으로 기록하면 그저 피상적인 일기가 돼서 불편한 감정을 털어 내는 데 도움이 안 될 거야. 이때, 아래와 같이 깊이가 있는 질문을 떠올려 보면 좋아.

오늘 있었던 일을 써 봐. 오늘 하루 동안 주로 어떤 감정이 들었어? 필요했지만 해결하지 못한 일이 있어? 최근 걱정되는 일은? 그 걱정을 어떻게 표현하고 있어? 네 기분은? 네 감정이 말을 할 수 있다면 뭐라고 할 거 같아?

감정 일기는 이래저래 재지 않고 마음이 느끼는 대로 글을 쓰는 거야. 완벽하게 쓸 필요도 없어. 그건 전혀 중요하지 않아. 일기를 통해 네 마음의 짐을 더는 게 중요하지. 네가 느끼는 감정이 분노라면 글자를 더 힘주어 쓰거나, 심지어

노트에 낙서하듯 선을 휘갈기고 싶을 수도 있어. 그렇다면
얼마든지 그렇게 해도 돼.

감정에서 나오는 글이면 뭐든지 괜찮아!
게다가 감정 일기는 오로지 네 것이니까.

다른 사람이 볼 일은 없으니 필터 없이 자유롭게 쓰면 돼.

감정 사용 설명서

감정은 심리·생리학적 반응이야. 다시 말해, 마음과 몸에
영향을 미친다는 거지. 감정은 우리 몸이 외부나 내부의
자극에 반응한 결과야. 감정적 반응은 빠르고 충동적이고,
특정 상황에 우리가 어떤 의미를 부여하는지 알려 줘.

감정은 긍정적이거나 부정적이라고 표현할 게 아니라 기
분 좋거나 나쁘다고 해야 해. 감정은 저마다 중요한 적응
기능을 하고 있기 때문이야. '적응 기능'이란 각 감정이 주
는 이로운 점으로, 우리가 일상을 더 잘 버틸 수 있게 되는
걸 말해. 이어서 각 감정의 적응 기능에 관해 설명해 줄게.

기쁨

기쁨은 내부나 외부의 만족스러운 상황으로 인해
발생하는 감정으로, 보통 기분 좋게 느껴져.

기쁨은 이렇게 나타나.

신체 반응: 심박수와 호흡 빈도의 상승, 행복감을 증폭시키는
여러 호르몬 분비
행동 반응: 미소, 웃음, 움직임 증가, 개방적인 자세

적응 기능으로써 기쁨은 자존감을 높이고, 에너지를 주며 성과를
더 잘 내고, 네 장점을 강화하는 데 도움을 줄 수 있어.

이 밖에도 인간관계를 더 단단하게 만들고, 창의력을 잘
발휘할 수 있게 돕는 역할을 해.

슬픔은 내부나 외부의 부정적이거나 고통스러운 상황으로 생겨나는 감정이야. 그래서 마음이 아프게 느껴지지.

슬픔은 겉으로 드러내기 힘든 감정 중 하나야. 슬퍼지면 혼자 있고 싶어지기도 하고, 사회 분위기가 슬픔을 나약한 사람이나 느끼는 감정처럼 여기기 때문이기도 하지. 슬픔은 주로 눈물, 약해지는 마음, 지치는 마음, 우울감, 무기력, 고립감과 함께 나타나. 그리고 슬픔을 밖으로 표현하기가 어려운 사람들은 짜증이나 예민함으로 나타내기도 해.

슬픔의 적응 기능은 활동량을 낮추고, 무력하거나 문제를 해결하기 위해 아무것도 할 수 없는 상황에서 불필요한 노력을 하지 않게 해 줘.

또, 자기 성찰을 통해 나 자신을 돌아보고 자아를 이해하는 데 도움이 되기도 해. 슬픔은 주변 사람들에게 네가 사랑과 관심, 혹은 도움이 필요하다는 메시지를 전달하는 역할을 할 수도 있어.

분노는 자신이나 다른 사람에게 불공평한 상황이 생길 때 스스로 방어하는 데 도움이 돼.

분노는 내면에서 폭발하듯 끓어오르는 감정이야. 심하면 불쾌감을 유발해서 자제력을 잃고 있다는 느낌마저 들 수 있어.

분노를 밖으로 꺼내기 어려울 때 자신이 무력하게 느껴져서 그저 눈물만 흘리며 분노를 표현할 수도 있어. 분노가 차단된 경우에는 몸을 통해 발현하기도 해. 가령 피부에 발진, 여드름, 가려움증 등이 나타나기도 하지.

분노의 적응 기능은 우리가 공정하게 대우받지 못한다고 느낄 때 발동하는 방어 기제와 관련이 있어. 분노는 우리를 행동하게 만드는 감정이야. 바꾸고 싶은 게 있거나, 스스로 자격이 없다고 생각하는 게 있을 때도 우리를 움직이게 만들어.

불안은 몸이 위협이나 일종의 공포감을 감지할 때 보이는 감정 반응이야. 불안은 하나의 경고 신호이기 때문에 그 자체로 적응 기능이라고 할 수 있지.

불안은 복잡한 감정이야. 아마 너도 불안이 정확히 어떤 감정인지 제대로 모를 수 있어. 숨쉬기 힘들고, 심장이 아프고, 몸이 부들부들 떨리는 증상은 불안이 아니야. 이런 증상은 공황 발작에 가깝지 불안과는 달라. 불안이라는 감정 자체는 남의 눈에 보이지 않을 수 있어.

위협적인 자극이 사라졌거나, 그 자극이 네 현실과 무관한데도 불안의 강도가 높아지고 시간이 갈수록 계속된다면 불안이 적응 기능을 하지 않게 돼. 불안의 특징으로는 땀, 두근거림, 가슴의 압박감, 긴장, 반복적 강박 등이 있어.

불안은 종종 다른 감정을 가리기 때문에 감정을 밖으로 분출하지 않으면 불안이 건강하지 못한 행동으로 표출될 수 있어. 과식이나 과도한 흡연, 쉬지 않고 뭔가를 계속하려고 하는 과잉 행동 등이 그 예야.

두려움은 실제이든 상상 속이든 위협적으로 느끼는 자극에 반응해 나타나는 감정이야.

다른 감정과 마찬가지로 두려움도 신체 반응을 일으켜.

두려움을 느끼면 호흡과 심박수가 갑자기 증가하거나 몸이 움츠러들게 돼.

두려움이 생기는 자극이 있을 때 몸은 뇌에서 인지적으로 처리하기도 전에 자동으로 반응하게 돼. 인지적 처리를 담당하는 뇌의 부분으로는 시상과 시상하부 등이 있어. 두려움이 적응 감정으로 작용하는 주요 기능은 위험에 대해 경고 신호를 보내서 네가 자신을 보호할 수 있게 하는 거야.

이 책을 읽고 이제 다이어트와 살 빼고자
하는 욕망 뒤에 숨겨진 모든 걸 알게 되었을
거야. 네가 네 몸 이상으로 훨씬 더 중요한
존재라는 거, 그리고 네 몸은 바꿀 필요
없이 그 자체로 존중하고 아껴 줘야 한다는
사실을 꼭 마음에 새겼으면 좋겠어.

거울에 비친 모습은 표현하지 못한
네 안의 감정이라는 사실도 잊지 마.
감정에 목소리를 내주고, 네가 감당할 수
있는 선을 정하고, 스스로 돌보는 방법을
익히면, 너 자신을 바라보는 시선이 훨씬
따뜻하고 너그러워질 거야. 마음도 점점
편안해지고, 있는 그대로의 너를 조건 없이
받아들이게 될 거고.

기억해. 쉽지 않은 길이지만, 그 끝에서
마주할 진짜 너는 분명 무엇보다 빛날 거야.

이 책은 음식이나 자신의 몸과의 관계가 힘들거나 섭식 장애를 겪은 사람들과 오랜 시간 함께한 끝에 세상에 나오게 됐어. 고통스럽지만 희망이 가득한 여러 이야기를 들은 후였지.

이 책에서 마법 같은 해결책을 주지는 못하지만, 네가 지금 몸이나 음식에 대해 느끼는 감정을 이해할 수 있게 도와주고 싶어.

이 책의 페이지들이 너를 따뜻하게 감싸 주기를 바라. 책을 통해 너는 혼자가 아니라는 걸, 몸과 음식 사이에서 힘겨운 시간을 보내고 있다면 도움을 청해도 괜찮다는 걸 알았으면 해. 그보다 용기 있는 행동도 없을 테니까.

문제는 네 몸이 아니라, 몸에 대해 네가 믿게 된 말들이야. 몸집이 크든 작든 네 몸은 사랑과 애정, 그리고 존중을 받아 마땅하단다.

마리아 레린

 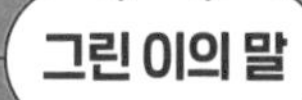

이 책은 음식과 좋은 관계를 새롭게 맺으려면 어떻게 해야 하는지 알려 주고 있어. 죄책감을 품거나 음식을 제한하려는 생각에서 벗어나 존중과 즐거움, 자유로운 태도로 음식을 대할 수 있는 방법 말이야.

나도 한때는 음식 먹는 일이 늘 전쟁처럼 느껴졌거든. 그래서 말해 주고 싶었어. 음식을 대하는 다른 방법도 충분히 가능하고, 또 꼭 필요하다는 걸.

마리나 테나

혼자서 02

케이크 좀 먹으면 어때?

처음 인쇄한 날　2025년 7월 22일
처음 펴낸 날　　2025년 8월 14일

글	마리아 레린
그림	마리나 테나
옮김	김영주
펴낸이	이은수
편집	박진희, 오지명
디자인	원상희
마케팅	이선경
제작	세걸음
펴낸곳	오유아이(초록개구리)
출판등록	2015년 9월 24일(제300-2015-147호)
주소	경기도 고양시 덕양구 향동로 217 KB동 622호(향동동, DMC플렉스데시앙)
전화	02-6385-9930
팩스	0303-3443-9930
인스타그램	instagram.com/greenfrog_pub

ISBN 979-11-5782-339-0 44180
ISBN 979-11-5782-304-8 (세트)